«Este es el libro que siempre quisiste para ayudarte a explicar por qué *ese* versículo no significa lo que tantas personas creen que significa. Con capítulos breves y un lenguaje comprensible, el libro proporciona explicaciones claras de los versículos que hemos escuchado mal interpretados una y otra vez. ¡Qué gran recurso para personas individuales, o para grupos, que desean tener un buen debate acerca de los versículos bíblicos que se han entendido mal durante mucho tiempo!».

—Nancy Guthrie, maestra de Biblia y autora
de la serie de estudios bíblicos
SEEING JESUS IN THE OLD TESTAMENT

«Eric Bargerhuff ha prestado un gran servicio a la iglesia al seleccionar una lista de versículos que somos propensos a utilizar mal y al explicar con paciencia y de forma cautivadora su verdadero significado y aplicación para nuestras vidas. Este es un libro que debió escribirse hace mucho tiempo, y te lo recomiendo con gusto».

—Tim Challies, autor y pastor

«De vez en cuando aparece [un libro] que me hace pensar: "No puedo creer que alguien haya tardado tanto en escribir este libro". Tal es el caso de Eric Bargerhuff... Al analizar los versículos más conocidos y mal utilizados de las Escrituras, el pastor Bargerhuff arroja luz a esos pasajes y, al hacerlo, proporciona a sus lectores el beneficio de un estudio hermenéutico aplicado».

—*Modern Reformation*, reseña del
libro, por Brian W. Thomas

«Eric Bargerhuff demuestra que muchos versículos conocidos se suelen entender mal y, en consecuencia, se utilizan en una forma equivocada. Explica cómo prestar atención al contexto histórico, cultural y literario, así como al significado de las palabras, el género y las opciones de traducción, puede ayudarnos a evitar errores de interpretación y aplicación, y así obtener una apreciación más profunda del propósito y el mensaje de la Biblia».

—Richard Schultz, profesor de Antiguo Testamento, Wheaton College, y autor de *Out of Context: How to Avoid Misinterpreting the Bible*

«La erudición en el estudio de los versículos es impecable... Se trata de un libro que debería formar parte de cualquier biblioteca de estudios fundamentales».

—*Portland Book Review*

VERSÍCULOS BÍBLICOS MAL UTILIZADOS

Maneras sorprendentes de malinterpretar la Palabra de Dios

ERIC J. BARGERHUFF

EDITORIAL
PORTAVOZ

La misión de *Editorial Portavoz* consiste en proporcionar productos de calidad —con integridad y excelencia—, desde una perspectiva bíblica y confiable, que animen a las personas a conocer y servir a Jesucristo.

Título del original: *The Most Misused Verses in the Bible*, © 2012 por Eric J. Bargerhuff y publicado por Bethany House Publishers, una división de Baker Publishing Group, Grand Rapids, Michigan, 49516, U.S.A. Todos los derechos reservados. Traducido con permiso.

Edición en castellano: *Versículos bíblicos mal utilizados* © 2019 por Editorial Portavoz, filial de Kregel Inc., Grand Rapids, Michigan 49505. Todos los derechos reservados.

Traducción: Ricardo Acosta

Las cursivas en los versículos bíblicos son énfasis del autor.

EDITORIAL PORTAVOZ
2450 Oak Industrial Drive NE
Grand Rapids, Michigan 49505 USA
Visítenos en: www.portavoz.com

ISBN 978-0-8254-5818-7 (rústica)
ISBN 978-0-8254-6737-0 (Kindle)
ISBN 978-0-8254-7558-0 (epub)

1 2 3 4 5 edición / año 28 27 26 25 24 23 22 21 20 19

Impreso en los Estados Unidos de América
Printed in the United States of America

A quienes permanecen en sus escritorios durante horas, semana tras semana, estudiando para que cuando estén detrás del púlpito y lleven el mensaje al pueblo de Dios puedan «hacerlo bien». La Palabra de Dios no volverá vacía.

Libros de Eric J. Bargerhuff publicados por Portavoz

Historias bíblicas mal utilizadas
Versículos bíblicos mal utilizados

Contenido

Reconocimientos

CRECÍ CON UNA DIETA CONSTANTE de sermones para «hacer sentir bien», hasta cuando entré a la universidad y alguien me entregó una cinta de casete de John MacArthur hijo, quien predicaba la Palabra de Dios en forma expositiva. Recuerdo haberme dicho: «¿Qué es *eso*?... *Quiero* eso, y no solamente *quiero* eso, quiero *hacer* eso». Mi entonces profesor bíblico universitario de ochenta y cinco años, el doctor J. Ray Klingensmith, dijo una vez que «las personas están muriendo de hambre por la Palabra de Dios y ni siquiera se dan cuenta, pero cuando la oyen, la creen, y la prueban, les alimenta el alma como nada más puede hacerlo».

Creo que esto es verdad, y es por eso que amo el ministerio. No hay mayor privilegio que predicar, enseñar y desentrañar la Palabra de Dios delante del pueblo de Dios y de todos los que tienen oídos para oír. Pero mi mentor y profesor de doctorado, el doctor Wayne Grudem, solía decir: «Más vale que lo hagas bien, porque las personas te creerán, y como maestros todos tendremos que rendir cuentas algún día». Él dio en el blanco, y me inspiró a luchar por fidelidad en «dividir correctamente la Palabra de verdad».

De esto es básicamente lo que se trata este libro: cómo aprender a interpretar y aplicar de modo adecuado las verdades de la Biblia en forma fiel que glorifique a Dios, a fin de no distorsionar la Palabra ni la voluntad divina. Muchísimas personas en toda mi vida han servido como ejemplos excepcionales de cómo manejar las Escrituras, y aquí no hay suficiente espacio para reconocerlas a todas.

Pero en modesta medida deseo reconocer a quienes me han ayudado en este proyecto. Hay partes de este libro que acabaron en una serie de sermones en la Iglesia Comunitaria Clearwater, donde serví como pastor principal por más de seis años. La reacción, la respuesta y el apoyo que recibí del cuerpo de Cristo me alentaron más allá de toda medida, y estoy agradecido por el privilegio de servir al Señor con ellos.

Agradezco profundamente a mi correctora inicial de pruebas, Karen Ancrile, quien dedicó tiempo y esfuerzo para leer y criticar los primeros borradores de este manuscrito. Sus opiniones y sugerencias fueron extraordinarias, y no puedo agradecerle suficiente por su servicio.

Además deseo agradecer a mi editor Jeff Braun por su excelente liderazgo, dirección y destreza para trabajar en este manuscrito. Es un privilegio asociarme con la maravillosa gente de Bethany House Publishers, cuyo profesionalismo y flexibilidad son insuperables.

Todas las gracias y la gloria para nuestro Señor Jesucristo, cuyas palabras no pasarán. Espero que los cielos se abran pronto.

CAPÍTULO 1

Donde empieza todo

OJO POR OJO...

«Donde están dos o tres congregados en mi nombre, allí estoy yo en medio de ellos».

«No juzguéis, para que no seáis juzgados».

Estas frases comunes, derivadas del libro más vendido de todos los tiempos, la Biblia, a menudo han sido malinterpretadas y mal utilizadas. Pero cuando se interpretan y aplican adecuadamente, estas y otras verdades inspiradas por Dios han moldeado culturas e innumerables generaciones de personas a través de la historia.

En realidad, la Biblia es un libro que *transforma vidas*. Nos cuenta cómo es Dios y cómo obra en nuestro mundo moderno. Muestra cómo Él ha estado obrando fielmente en el pasado y cuál será su voluntad para el futuro. Pero quizá lo más importante acerca de la Biblia es que se trata de una obra divina que posee gran poder, escrita para que podamos creer y experimentar salvación y vida eterna que vienen por medio de la fe en Jesucristo.

Según su propio testimonio, la Biblia es inspirada (o «exhalada») por el Espíritu de Dios, y es «útil para enseñar, para redargüir, para corregir, para instruir en justicia» (2 Timoteo 3:16). Por tanto, la Biblia tiene autoridad sobre nosotros. Pero esta autoridad no se deriva simplemente de su funcionamiento o del lugar que ocupa en nuestras vidas, sino más bien de su aseveración de ser la misma voz y revelación de Dios.

Los creyentes consideramos la Biblia como el lugar en que Dios sigue hablándonos verdad, una palabra «viva y eficaz»: el fundamento suficiente para toda la vida y práctica del creyente.

Escrita por casi cuarenta autores humanos durante más de mil quinientos años, la Biblia es increíblemente coherente y sin contradicción. A lo largo de los años se ha intentado usurpar su veracidad e integridad, pero ha resistido la prueba. Incluso la arqueología ha verificado en forma empírica la historicidad y exactitud de la Biblia. Y cuando todos los hechos se conozcan, seguirá mostrándose sin error y como fundamento de toda verdad.

Sin embargo, mal manejada y usada en forma inapropiada, la Biblia puede convertirse en un *libro peligroso*.

Por ejemplo, Adolfo Hitler fue conocido ampliamente por sacar de contexto las palabras de Jesús y utilizarlas con propósitos propagandísticos. En 1922, en un discurso en Múnich, Alemania, Hitler falseó para sus propósitos las palabras de Jesús cuando trató de erradicar a los judíos. Hitler hizo referencias a los tiempos en que Jesús reprendió al corrupto liderazgo espiritual de su época, como cuando por la fuerza limpió el templo después que los principales sacerdotes y otros encargados lo convirtieron en cueva de ladrones, corrompiendo así la Pascua.

El horror de leer cómo Hitler tergiversó las palabras y

acciones de Jesús es incalculable. El siguiente es un extracto del discurso hitleriano:

> Mis sentimientos como cristiano me señalan a mi Señor y Salvador como un combatiente. Me señalan al hombre que una vez en soledad, rodeado solo por unos cuantos seguidores, reconoció a estos judíos por lo que eran y llamó a los hombres a atacarlos... Con infinito amor como cristiano y como hombre, leo el pasaje que nos dice cómo el Señor por fin se levantó en poder y agarró el látigo para expulsar del templo a la camada de víboras. ¡Qué terrible fue su lucha a favor del mundo contra el veneno judío![1]

Hitler tomó palabras que Jesús había dirigido a un grupo selecto de hombres perversos en su época y, de un plumazo, pintó a todo un grupo de seres humanos con la misma brocha, poniéndoles a todos la etiqueta de VENENO.

Soy consciente de que este es un ejemplo extremo, pero muestra el daño que puede hacerse cuando se saca la Biblia del contexto y se abusa de ella. Pero incluso en una escala mucho menor, cristianos bienintencionados han citado erróneamente la Biblia y han malinterpretado su significado, dejando atrás una estela de confusión y decisiones incorrectas relativas a la voluntad de Dios para nuestras vidas. Mucha herejía teológica ha resultado del mal uso o la mala interpretación de las Escrituras, y eso puede suceder sin importar lo nobles que puedan ser las intenciones de sus intérpretes.

Todo esto lleva al propósito de este libro: enfrentar algunos

1. Adolfo Hitler, en un discurso en Múnich, Alemania, el 12 de abril de 1922, como se encuentra en www.humanitas-international.org/showcase/chronography/speeches/1922-04-12.html. Es notable y profundamente ofensivo ver que en este discurso Hitler se considerara cristiano.

de los versículos más mal utilizados en la Biblia, versículos que a menudo han perdido hoy día su contexto y han tomado nuevos significados fuera de las historias y enseñanzas de las Escrituras. De hecho, frases como «ojo por ojo», o «donde dos o tres están congregados», así como «no juzguéis para que no seáis juzgados», son comúnmente algunos de los versículos más mal entendidos y mal utilizados. La misión será devolver estos y otros versículos de las Escrituras a su contexto adecuado para que puedan interpretarse y aplicarse en forma correcta.[2]

Sin duda, los tiempos cambian y las aplicaciones pueden variar, pero *el significado y la intención del autor original, así como los principios subsiguientes que resultan son fijos y eternos.* Por tanto, es necesario que comprendamos a qué se referían realmente estos extractos cuando fueron escritos, a fin de que podamos aplicarlos adecuadamente hoy día. Solo entonces podremos afirmar que estamos utilizando fielmente la Palabra de Dios como el Espíritu Santo pretendió que lo hiciéramos.

Nada nuevo debajo del sol

¿Han malinterpretado alguna vez algo que dijiste? ¿Se sacó del contexto algo que expusiste, usándolo contra ti? Esto puede

2. A pesar de que nadie llega al texto completamente imparcial y objetivo, debemos sin embargo tratar de usar los métodos apropiados de interpretación que la Biblia misma nos describe cuando cotejamos nuestros hallazgos con el modo en que se han entendido a lo largo de la historia de la Iglesia. Debemos tener cuidado al manejar lo que se considera como una «espada de dos filos» (Hebreos 4:12), no sea que hagamos gran daño al cuerpo de Cristo. Cuando los métodos correctos de interpretación se unen con el testimonio interno del Espíritu y con el espíritu de discernimiento en la comunidad cristiana, podemos estar seguros de que hemos llegado al significado correcto de un texto para poder aplicarlo a nuestras vidas.

ser más que frustrante. Cuando ocurre, hay un deseo ardiente de aclarar las cosas, de justificarnos y defendernos contra la falsa información que podría pintarnos de modo negativo.

Estas situaciones pueden empezar muy inocentemente. Imagina que hablas por teléfono con alguien, y un ser querido escucha algo de la conversación; ya que solo oye parte, no tiene el contexto ni la razón de lo que se dice. De ahí que puede hacer suposiciones y sacar conclusiones inapropiadas.

En la era moderna de información, el mundo está plagado de imágenes modificadas en computadoras y entrevistas editadas, y datos parciales que fácilmente pueden malinterpretarse y utilizarse mal si se sacan de su contexto original. Vemos esto en círculos políticos, donde candidatos suelen descubrir que sus palabras han sido editadas o utilizadas en una manera que socava su integridad, o hace que parezcan tontos o extremos en sus opiniones.

Todo esto huele a injusticia y plantea en nuestras mentes la pregunta milenaria de «¿qué es verdad?». Pero como el escritor de Eclesiastés dijo de modo tan acertado: «nada hay nuevo debajo del sol» (1:9). Se podría argumentar que citas falsas, información errada y malinterpretaciones han existido desde la aparición de la serpiente en el huerto del Edén. Fue allí que Satanás trató de socavar la Palabra de Dios. Y la estrategia y las tácticas que utilizó se perpetúan hoy día en muchos niveles diferentes.

Génesis 3

Nuestros primeros padres, Adán y Eva, solo conocían inocencia y bendición como los que fueron creados a imagen de Dios. El Señor creó para ellos un paraíso, un huerto repleto de vida vegetal y animal, una existencia armoniosa que había tejido magistralmente de una obra de creación que Él mismo declaró buena «en gran manera» (Génesis 1:31). Fue aquí que Adán y Eva recibieron la orden de gobernar sobre la creación de Dios, sojuzgar la tierra y multiplicarse. Mientras vivieron en obediencia al Señor, disfrutaron comunión perfecta con Dios y entre ellos. Sin embargo, como sabemos, todo eso cambiaría.

El Señor dio órdenes específicas a Adán con relación a los árboles en el huerto. Los frutos de los árboles eran saludables y buenos, con excepción de uno: el hombre no debía comer del árbol del conocimiento del bien y el mal, para que no muriera. Lo que Dios hizo con estas órdenes fue probar la obediencia y el carácter de Adán, y la obligación de este era enseñarlas a la mujer que habría de recibir; en el momento que se dieron las órdenes, Eva aún no existía.

Satanás, un ser angelical caído, llegó al escenario en forma de una serpiente astuta con varios objetivos en mente: destruir lo que Dios había hecho, pervirtiendo la verdad para controlar y esclavizar a quienes fueron creados a imagen de Dios. Satanás quería ser el amo y controlar el destino de ellos. Quería tener el lugar que solo Dios mismo merece, y a fin de conseguir esto planeó socavar la voz de Dios, la fuente de verdad y vida. El relato empieza así:

> La serpiente era astuta, más que todos los animales del campo que Jehová Dios había hecho; la cual dijo a la mujer: ¿Conque Dios os ha dicho: No comáis de todo árbol del huerto? (Génesis 3:1).

Observa la táctica inicial de Satanás. Su primer golpe fue arrojar sospechas y dudas sobre la Palabra de Dios: «*¿Conque*

Dios os ha dicho?». Entonces la astuta serpiente llevó las cosas un poco más allá. Citó de manera incorrecta e intencional a Dios: «¿Conque Dios os ha dicho: No comáis de *todo árbol* del huerto?». La serpiente tomó el mandato original de Dios, de que no debían comer de un árbol particular en el huerto, y lo amplió hasta hacerlo parecer una prohibición contra comer de *todo árbol* en el huerto. Así que la primera pregunta en toda la Biblia es nada menos que una cita errónea de la Palabra de Dios.

Pero para mérito de Eva, ella recitó a Satanás el mandato correcto, aunque creyó algo de confusión al agregar un poco a la orden:

> Y la mujer respondió a la serpiente: Del fruto de los árboles del huerto podemos comer; pero del fruto del árbol que está en medio del huerto dijo Dios: No comeréis de él, ni le tocaréis, para que no muráis (Génesis 3:2-3).

Eva corrigió a la serpiente, afirmando que podían comer de *todos* los árboles del huerto menos del que estaba en el medio (según parece el «árbol del conocimiento del bien y del mal»). No obstante, Eva agregó que ni siquiera se les permitía tocarlo, aunque Dios no dijo eso en su mandato original.[3]

Esa no fue la última fuente de la perdición de Eva (o de Adán). Un ataque aún más fuerte y mortal estaba a punto de ser lanzado cuando Satanás cuestionó en forma sarcástica la legitimidad y bondad detrás de las restricciones y los límites morales del comportamiento humano:

---

3. Algunos podrían suponer que Adán pudo haber agregado eso al mandato como una forma de añadir protección adicional a la restricción, pero eso es simple especulación.

> Entonces la serpiente dijo a la mujer: No moriréis; sino que sabe Dios que el día que comáis de él, serán abiertos vuestros ojos, y seréis como Dios, sabiendo el bien y el mal (Génesis 3:4-5).

Es como si Satanás estuviera preguntando: «¿Y qué tienen que ver las reglas? ¿Por qué tener limitaciones? ¿No los hicieron libres? ¿No puedes ver que Dios teme que ustedes terminen siendo iguales a Él?». Las semillas de duda que llevarían a la muerte fueron sembradas frente a Eva. La trampa estaba tendida.

Pero mira lo que la serpiente trató de hacer. Quiso que Eva viera los mandatos restrictivos de Dios desde una nueva perspectiva, que tal vez los entendiera de forma distinta a la intención original, y *les diera un nuevo contexto*. A menudo los teólogos sugieren que el deseo de ser iguales a Dios es la misma tentación de la cual Satanás mismo fue culpable de sucumbir.

La táctica de la serpiente fue nada menos que un asalto directo a la Palabra de Dios, cuando sugirió: «No moriréis; sino que sabe Dios que el día que comáis de él, serán abiertos vuestros ojos» (una mentira descarada del «padre de mentira», Juan 8:44). La serpiente intentó describir a Dios como una deidad egoístamente insegura que toma riesgos y que tiene un miedo irracional de que su creación ya no lo necesite, a menos que se le impongan restricciones. Tentó aún más a Eva con la idea de que la libertad irrestricta y la razón humana son las más enaltecidas de todas las virtudes. Y por si eso fuera poco, apeló a la altiva idea de que se puede ser igual a Dios, o incluso ser su propio dios.

Irónicamente, muchas religiones, sectas y formas de enseñanza falsa en el mundo a lo largo de la historia, y hoy día, incurren en algunas de estas mismas ideas: el conocimiento es la más alta de las virtudes, uno puede convertirse en su propio dios y es indispensable la libertad humana sin restricciones. Las estrategias y tácticas de Satanás han cambiado poco en la historia. Y todas se remontan al libro del Génesis.

Desde luego, conocemos el resultado de todo esto. Eva tomó el fruto y lo comió, e igual hizo Adán, quien estaba con ella en ese momento (3:6). «Entonces fueron abiertos los ojos de ambos», y se dieron cuenta de que estaban desnudos (cubiertos solo con vergüenza), y corrieron a cubrirse ellos mismos. Ahora su inclinación natural es mirar hacia dentro de sí, aislarse y esconderse de Dios, Aquel que los creó y los diseñó para comunión íntima. Estaban destinados a reflejar la gloria divina, pero en vez de eso buscaron su propia gloria.

En el núcleo de todo pecado está la ingobernabilidad humana y la atracción orgullosa de ser nuestro propio dios. Determinar nuestro destino. Hacer las cosas a nuestra manera. Eliminar restricciones y dudar de la integridad de la bondad de Dios. Dudar de la confiabilidad de su Palabra. Y lo único que debemos hacer para empezar ese camino es darle a la Biblia un nuevo contexto, tergiversar su significado o interpretarla en un modo que apele a la supremacía y la gloria del ser humano.

La serpiente les enseñó con éxito a Adán y Eva la danza de la desobediencia, y los entregó a la muerte.

El modelo continúa

Si alguien se dio cuenta alguna vez de los prolíficos esfuerzos de Satanás por utilizar mal la autoridad de las Escrituras, fue

Jesucristo. En el Nuevo Testamento vemos a Satanás usando las mismas estrategias que antes. Con un asalto frontal a la Palabra de Dios intenta aprovecharse de Jesús en un momento de debilidad humana.

El contexto es simple. En Lucas 4, Jesús se encuentra a inicios de su ministerio. Es bautizado por Juan el Bautista y llevado por el Espíritu de Dios al desierto de Judea para ser tentado y puesto a prueba por el diablo. Todo esto es en preparación para el ministerio terrenal de Jesús. Es aquí donde Satanás va tras Él, tentándolo primero con alimento y luego con poder temporal sobre la tierra (saetas dirigidas tanto al cuerpo como al alma). Satanás busca una vez más ser igual a Dios tratando de bajar a Dios a su nivel.

Sin embargo, el Cristo inmaculado rechaza los dos primeros ataques apelando a las Escrituras escritas hace mucho tiempo por Moisés el siervo de Dios y registradas en el libro de Deuteronomio. Jesús sabe que la herramienta para la victoria en momentos de tentación es la Palabra de Dios, y maneja la «espada» con precisión para luchar contra su atacante. Entonces el diablo intenta un tercer asalto, quizá el más creativo. Utiliza la misma arma que Jesús está utilizando, la Palabra de Dios, y trata de manipular una sección de Salmos 91 para sus propios propósitos:

> El diablo le condujo a Jerusalén, le puso de pie sobre el alero del templo, y le dijo: Si eres Hijo de Dios, tírate de aquí abajo; porque está escrito: Dará orden a sus ángeles respecto de ti, para que te guarden con todo cuidado. Y: Te llevarán en las palmas de sus manos, para que no tropiece tu pie en alguna piedra (Lucas 4:9-11, RVR1977).

Lo interesante aquí es que Satanás no solo conoce y

utiliza la Palabra de Dios, sino que esta vez (a diferencia de lo sucedido en el huerto), decide citarla correctamente. En otras palabras, esta no es una cita errónea o incorrecta del versículo, sino un *uso incorrecto* de este.

En lugar de ver esta hermosa sección de Salmos 91 como lo que realmente es, una *promesa general de Dios* de cuidar a su pueblo, el diablo la aplica de manera inapropiada a una situación que busca poner a prueba la soberanía divina. Intenta que Jesús participe en un comportamiento imprudente, afirmando entonces que si la Palabra de Dios fuera cierta, Dios debería protegerlo. Pero este es un maltrato a la Palabra de Dios.

Sería como si alguien te tentara diciéndote: «Oye, si Dios es soberano, ¿qué problema tendría que conduzcas por la autopista a ciento sesenta kilómetros por hora? Él cuidará de ti, ¿no es así? Nada debería pasar, a menos que sea tu tiempo». Pero esa manera de pensar y argumentar es insensata. Abusa de la idea de la soberanía de Dios al poner a prueba al Señor. Y Jesús ve correctamente a través de ella y una vez más frustra el ataque citando las Escrituras (Deuteronomio 6:16) y aplicándolas correctamente:

> Respondiendo Jesús, le dijo: Dicho está: No tentarás al Señor tu Dios (Lucas 4:12).

Parece que el apóstol Pablo tenía razón. En Efesios 6 dio instrucciones a la iglesia de ponerse la armadura de Dios para que pueda oponerse a los planes malvados del diablo. Al compararla con la armadura del soldado romano (a quien él pudo haber estado observando mientras escribía esto), le dijo a la iglesia que se pusiera el cinturón de la verdad y la coraza de justicia. Debían aceptar el mensaje del evangelio, el cual era como usar zapatos que les diera buen equilibrio en la batalla. También debían tomar el escudo de la fe y ponerse el casco de la salvación.

Por lo general, todas estas son armas defensivas. Pero hay una pieza de la armadura que es para atacar. Pablo la llamó la espada del Espíritu o la Palabra de Dios, capaz de demoler fortalezas, esas formas satánicas de pensar y argumentar que son intrínsecamente hostiles hacia las verdades de Dios... por ejemplo, la falsa enseñanza.

Usada en forma correcta, la Biblia es la fuente de fuerza y poder del cristiano dentro de la batalla. Y créeme, ahora más que nunca estamos en una batalla espiritual por la verdad en este mundo sombrío.

Así que al comenzar este viaje a través de algunos de los versículos más mal utilizados en la Biblia, primero debemos darnos cuenta de que tergiversar y usar mal la Palabra de Dios ha sido una de las estrategias y tácticas clave de Satanás en sus intentos de socavar el legítimo reino y la autoridad de Dios en el mundo. Es más, así es como Satanás lleva a la humanidad por la senda de destrucción.

Cuando hoy día los seres humanos caemos en esta tentación por el mal uso o la manipulación de la Biblia, solo perpetuamos las mentiras que pueden llevar a otros a descarriarse. Por tanto, es de suma importancia que investiguemos y usemos correctamente «la palabra de verdad» en su contexto apropiado con tanta exactitud y precisión como sea posible.

CAPÍTULO 2

Juicio a los demás

«No juzguéis, para que no seáis juzgados».

—Mateo 7:1

ESTA ES UNA FRASE que se ha utilizado muchísimas veces durante conversaciones polémicas o en momentos defensivos en que alguien es confrontado por su comportamiento: «No juzguéis, para que no seáis juzgados». Estas famosas palabras de Jesús las recitan muchos, pero son profundamente malinterpretadas. Se podría argumentar con facilidad que Mateo 7:1 es el versículo que más se aplica en toda la Biblia, usado y abusado por cristianos e incrédulos.

Quienes hacen mal uso de este versículo, a menudo lo utilizan como «escudo para pecar»,[4] una barrera para mantener

4. Mark Dever, «Biblical Church Discipline», *The Southern Baptist Journal of Theology*, vol. 4, no. 4. invierno 2000, p. 39. Dever escribe: «¿Podría ser que en nuestra época una mala interpretación de Mateo 7:1 haya sido un escudo para pecar, y haya tratado de evitar la clase de vida congregacional que era conocida por las iglesias en una época anterior, y que podríamos conocer de nuevo?».

a raya a los demás, que les permite justificar el modo en que viven sin ninguna consideración por límites morales o rendición de cuentas. Las objeciones que ponen parecen algo así: «¿No somos todos pecadores? ¿Qué nos da el derecho de hacer juicios morales respecto a alguien más? ¿No ese el trabajo de Dios?».

Sin embargo, cuando miramos más de cerca el contexto de Mateo 7 y las enseñanzas del resto de la Biblia, está claro que este versículo no puede utilizarse para justificar moral autonomía e independencia sin restricciones. Esta no es la intención de Jesús. Él no abogaba por una política de no intervenir en rendición moral de cuentas, negándose a permitir que alguien haga juicios morales en ningún sentido.

Todo lo contrario, Jesús estaba reprendiendo explícitamente la hipocresía de los fariseos, que eran rápidos en ver los pecados de otros, pero eran ciegos y *no estaban dispuestos a rendir cuentas* según la misma norma que imponían a los demás. Esclareceremos esto aún más en un momento.

Pero primero centrémonos en Mateo 7:1. Se encuentra en el Sermón del Monte de Jesús, el lugar en la Biblia donde Él enseña lo que significa vivir fielmente como seguidores comprometidos de Cristo, personas que buscan santidad por reverencia a Dios. Jesús está proclamando una elevada norma moral que es coherente con lo que significa vivir como ciudadanos del reino de Dios.

En otras palabras, quienes se arrepienten y ponen su fe y confianza solo en Jesús para salvación se convierten en «hijos de Dios», son adoptados dentro de la familia de Dios y se vuelven miembros del reino espiritual que Él ha establecido en la tierra. Los creyentes que viven en este reino están llamados a vivir en forma diferente, y Jesús está explicando cómo es eso en un sentido práctico. Sus palabras no son difíciles de entender, ya que establecen una fuerte ética moral que refleja lo que significa amar a Dios de todo corazón y al prójimo como a uno mismo. Es aquí que Jesús enfoca el asunto de la hipocresía, porque declara:

> No juzguéis, para que no seáis juzgados. Porque con el juicio con que juzgáis, seréis juzgados, y con la medida con que medís, os será medido. ¿Y por qué miras la paja que está en el ojo de tu hermano, y no echas de ver la viga que está en tu propio ojo? ¿O cómo dirás a tu hermano: Déjame sacar la paja de tu ojo, y he aquí la viga en el ojo tuyo? ¡Hipócrita! saca primero la viga de tu propio ojo, y entonces verás bien para sacar la paja del ojo de tu hermano (Mateo 7:1-5).

No puedo dejar de preguntarme si Jesús miraba directamente a los fariseos cuando dijo esto. Muchas veces en los Evangelios reprende a los fariseos por la descarada hipocresía y las normas de confección humana imposibles de cumplir que exhibían. Eran famosos por condenar las deficiencias ajenas mientras todo el tiempo eran condenados porque hacían lo mismo.

Qué ridículo. Jesús advirtió que el juicio siempre es recíproco. En otras palabras, la vara que utilizaban para medir las vidas de otros será la misma vara que Dios mismo levantará contra sus vidas. Piensa en esto: Una cosa es ser juzgado por tu prójimo, pero otra es ser juzgado por Dios. Los fariseos hipócritas estaban en peligro de esto último.

Notemos que Jesús afirma que los hipócritas serán aquellos con el mayor problema. ¿Por qué? Porque el pecado de ellos no podía compararse simplemente a una partícula de polvo; parecía más una tabla de madera (una gran diferencia). Y se negaban a sacársela.

Lo que esto significa es que el mayor juicio está reservado para quien a propósito pasa por alto su pecado gigantesco mientras señala los pecados más pequeños de los demás. Jesús declara enfáticamente que esto debe cambiar, así que da dos órdenes: *Deja de juzgar a otros en forma hipócrita, y saca el pecado de tu propia vida.*

Pero estemos claros. Jesús no está sugiriendo que no tengamos derecho de hacer juicios morales en cuanto a comportamiento humano, y ciertamente no indica que no tengamos derecho de pedir cuentas a otros. No condena la mutua rendición de cuentas ni la responsabilidad moral y la necesidad de abordar el pecado en la iglesia... Él confronta la hipocresía.

Pero tiene poco sentido hablar con un cristiano acerca de su pecado específico, aunque sea correcto que lo hagas, si estás cometiendo el mismo pecado sin estar dispuesto a enfrentarlo o quitártelo de encima.

Por ejemplo, oyes a alguien maldecir y de manera humilde, tierna y amorosa lo corriges en privado, pero un momento después hablas por teléfono con alguien sobre algunos chismes jugosos respecto a un miembro de la iglesia. ¿Corriges la lengua de otra persona, pero no estás dispuesto a corregir y refrenar la tuya?

O imagina a un padre preocupado por cómo su hija adolescente se viste cuando va al centro comercial (él desea que ella tenga un sentido de la decencia, y también comprende las luchas que los varones pueden tener en este aspecto). ¿Tiene derecho de estar preocupado? Sí, por supuesto. Como padre responsable y adulto maduro tiene todo el derecho de establecer para sus hijos límites morales que estén de acuerdo con los principios de las Escrituras (en este caso, recato).

Imagina que después que la hija sale para el centro comercial, este hombre queda solo en casa y de inmediato prende su computadora y empieza a buscar pornografía en la Internet. En un momento aborda la necesidad de su hija acerca de apropiado pudor (y con razón), y al siguiente instante se deleita con desvergonzada fantasía sexual con sus ojos y su corazón. Esto, amigo mío, es hipocresía, y Jesús condena esta clase de comportamiento. Un padre no debería fijar a su hija una norma que él no está dispuesto a seguir.

Por desgracia, los cristianos que dicen una cosa y hacen otra causan mucho daño a la reputación de la Iglesia. Esto no quiere decir que podamos ser perfectos, pero es de suma importancia que llevemos vidas coherentes e íntegras a fin de salvaguardar tanto el nombre de Cristo, a quien representamos, como la reputación de su Iglesia.

La realidad es que todos deberíamos afligirnos por el pecado en nuestras vidas, el cual al verlo, debemos enfrentar, confesar y abandonar por reverencia a Dios. Solo cuando hacemos constantemente esto, estamos calificados y somos capaces de abordar los pecados en las vidas de nuestros hermanos y hermanas en la iglesia, lo cual también nos es necesario hacer.

La Biblia deja en claro que nuestro deber es estimularnos unos a otros a vivir en forma que agrade a Dios. Primero nuestras vidas deberían dar evidencia de que nos hemos arrepentido realmente de nuestro pecado y que por fe hemos recibido a Cristo. Entonces, de vez en cuando, según sea necesario, también estamos llamados a corregirnos, reprendernos y alentarnos mutuamente en amor unos a otros.

Repito, nadie alcanzará la perfección en esta vida, pero *juntos* debemos librar una guerra contra el mal y abandonar el pecado que resulta de vivir en nuestra humanidad caída. Debemos «despojarnos de la vida antigua», por así decirlo, y «ponernos la nueva», creciendo en santidad por reverencia a Dios. Pero la realidad es que no podemos lograr esto sin el aliento mutuo y la ayuda del Espíritu Santo que mora en nosotros, y sin rendir cuentas a nuestros hermanos y hermanas en Cristo. No podemos hacerlo solos; ¡nos necesitamos unos a otros!

Por esto es que los apóstoles nos exhortaron que nos ayudáramos mutuamente en nuestra lucha contra el pecado. Por ejemplo, Santiago expresa:

> Hermanos, si alguno de entre vosotros se ha extraviado de la verdad, y alguno le hace volver, sepa que el que haga volver al pecador del error de su camino, salvará de muerte un alma, y cubrirá multitud de pecados (5:19-20).

Pablo declaró algo similar en su carta a los gálatas:

> Hermanos, si alguno fuere sorprendido en alguna falta, vosotros que sois espirituales, restauradle con espíritu de mansedumbre, considerándote a ti mismo, no sea que tú también seas tentado. Sobrellevad los unos las cargas de los otros, y cumplid así la ley de Cristo (6:1-2).

Observemos que tanto Santiago como Pablo suponen dos aspectos. Primero, habrá ocasiones en que los creyentes se desviarán del camino recto y angosto. Segundo, suponen que otros cristianos tratarán en amor de acercarse a ese hermano o hermana en un esfuerzo por rescatarlos de lo equivocados que están y salvarlos del destructivo poder del pecado (ver el método de Jesús para hacer esto en Mateo 18:15-17).

Ya que se nos ha comisionado proclamar un mensaje de arrepentimiento y fe a quienes están *fuera* de la iglesia que necesitan oír las buenas nuevas, sin duda debemos predicar ese mismo mensaje de arrepentimiento y fe a aquellos *dentro* de la iglesia.

Por tanto, Jesús no prohíbe todo juicio moral o toda rendición de cuentas. Al contrario, prohíbe el juicio severo, orgulloso e hipócrita que condena directamente a los demás sin evaluar primero la propia condición espiritual y el compromiso de abandonar el pecado.

Es mi opinión que el mal uso popular de «no juzguéis» revela hasta qué punto se ha perdido en años recientes la disciplina del estudio bíblico sabio. Más que eso, irradia luz sobre el estado de nuestra cultura, la cual trata de evitar la rendición de cuentas y la responsabilidad por acciones personales.

Esta tendencia y mentalidad actuales van en contra de las enseñanzas de las Escrituras, porque la instrucción general de la Biblia insiste en que quienes fuimos creados a imagen de Dios somos moralmente responsables ante Dios y unos con otros. Por tanto, usar «no juzguéis» como un medio de desprenderse de la responsabilidad moral sería interpretarlo en una forma que se opone al resto de las Escrituras.

Debemos recordar que «toda la Escritura es inspirada por Dios», o infundida por el Espíritu Santo, y como tal no tiene error ni se contradice (puesto que Dios no se contradice). Por eso siempre es prudente interpretar un pasaje dado de la Biblia comparándolo con los principios y las enseñanzas que se encuentran en otras partes de las Escrituras. Esto proporciona sano control y equilibrio y nos ayuda a evitar malas interpretaciones, incongruencia lógicas y aplicaciones inapropiadas.

CAPÍTULO 3

Planes para prosperarte y no para perjudicarte

«Yo sé muy bien los planes que tengo para ustedes —afirma el SEÑOR—, planes de bienestar y no de calamidad, a fin de darles un futuro y una esperanza. Entonces ustedes me invocarán, y vendrán a suplicarme, y yo los escucharé. Me buscarán y me encontrarán cuando me busquen de todo corazón».

—JEREMÍAS 29:11-13, NVI

CAMPAMENTO DE LA IGLESIA. Al haberme criado en Indiana rural, ir de campamento era la favorita de todas mis actividades de verano. Una semana cada verano asistía a un pequeño campamento de la iglesia evangélica junto a un lago en una hermosa extensión de tierras de cultivo ampliamente conocidas por su población menonita *amish* en Shipshewana, Indiana. Este sería el lugar donde experimenté algunos de los momentos más profundos de crecimiento espiritual en mi vida adulta joven.

Cada año, cuando finalizaba el campamento, era triste despedirse de mis amistades recién formadas, pero los recuerdos continuaban en la foto en blanco y negro de todos los campistas, consejeros y cocineros que se tomaba a principios de la semana y se entregaba en el último día.

Aquí fue donde empecé un nuevo concepto cristiano: el «versículo o pasaje de vida». Déjame explicarte.

Al respaldo de la foto del grupo, la mayoría de amigos escribían algunas palabras amables y luego firmaban. Sin embargo, algunos seleccionaban un versículo bíblico. Juan 3:16, Filipenses 4:13 y otros eran populares... cualquier versículo que tuviera un significado especial para mis amigos, y cuya finalidad era «edificar sus vidas».

En el camino a casa en auto me hallaba ansioso por mirar los versículos que mis amigos habían escrito junto a sus nombres. Parecía una búsqueda del tesoro, un viaje de descubrimiento para ver qué versículos eran sus favoritos. Al ver lo emocionante de todo esto, decidí que era necesario encontrar mi propio «versículo de vida». Y elegí un pasaje que es tan popular hoy día como lo era entonces: Jeremías 29:11-13.

¡Qué gran pasaje para sacarlo de la Biblia y usarlo como mío! Fue fácil memorizarlo. No demasiado difícil de entender. Un mensaje poderoso. Una gran promesa. ¿Qué no tiene de bueno? Prosperidad. Protección. Esperanza de un gran futuro. Todas estas son cosas que cualquier cristiano querría ver convertirse en realidad en su vida. Este pasaje parecía hacerse eco del sueño estadounidense, con todo el respaldo de Dios.

Rápida y convenientemente se convirtió no solo en mi pasaje de vida, sino en mi expectativa subconsciente de cómo creía que Dios pretendía bendecir mi vida *aquí y ahora*, siempre y cuando yo hiciera lo que Él quería, mientras me comprometiera a buscarlo «de todo corazón».

Sin embargo, la pregunta es: ¿Es este un uso apropiado de este pasaje, poner a Dios en una situación difícil para una vida de prosperidad y bendición que se ajuste a mi línea de tiempo y mi definición? La respuesta yace en una mirada más de cerca al contexto de Jeremías 29.

Esta vez la historia bíblica tiene que ver con una época de desesperación. La vida no era nada halagüeña para el pueblo de Dios, los israelitas. Sus reyes y líderes espirituales estaban llenos de corrupción. Los israelitas habían desobedecido los mandamientos de Dios y se habían casado con algunas de las tribus paganas circundantes que los desviaron para que adoraran a otros supuestos dioses. Habían comprometido su carácter y roto el pacto que Dios había hecho con ellos a través de Moisés.

Dios estaba harto. Aunque había unos pocos fieles entre el pueblo, este como un todo le había dado la espalda. Y como ocurre a menudo cuando sucedía algo así, Dios levantaba un profeta entre ellos que servía como su portavoz.

Entra el profeta Jeremías, el mensajero escogido de Dios.

Bueno, a menudo el papel de profeta variaba. Con frecuencia les encargaban predicar y enseñar, aconsejar a reyes y líderes, y predecir el futuro. Pero esta vez, el profeta de Dios tenía una misión desalentadora: proclamar juicio e ira sobre el pueblo de Dios, el cual iba a ser conquistado por sus enemigos y llevado al exilio durante mucho tiempo, y Jeremías fue el encargado de entregar este mensaje.

No obstante, este no fue el único mensaje que el pueblo de Dios oiría. También había mensajes opuestos y conflictivos de parte de falsos profetas, los cuales con propósitos egoístas ansiaban decirle al pueblo lo que este quería escuchar. En Jeremías 28 surge un falso profeta llamado Hananías, que predica un mensaje mucho más suave y diferente que el de Jeremías, y que sin duda fue instantáneamente popular.

Cuando empieza el juicio y el exilio profetizados, Hananías anuncia con falsedad que este juicio de Dios es relativamente menor y que debe durar solo *dos años*, una contradicción directa a la proclamación anterior de Jeremías de que el juicio y el exilio durarían *setenta años* (ver Jeremías 25:11).

¿Quién entonces tiene la razón? Jeremías. Este confronta a Hananías cara a cara y finalmente le dice que Dios lo juzgará por sus falsas afirmaciones y que pronto morirá como consecuencia de sus mentiras. Jeremías advierte:

> Oye, Hananías: Jehová no te envió, y tú has hecho confiar en mentira a este pueblo. Por tanto, así ha dicho Jehová: He aquí que yo te quito de sobre la faz de la tierra; morirás en este año, porque hablaste rebelión contra Jehová (Jeremías 28:15-16).

Y sin demora, la historia concluye con una declaración corta pero definitiva:

> En el mismo año murió Hananías, en el mes séptimo (v. 17).

El vaticinio de Jeremías respecto a Hananías prevalece, y el «evangelio de prosperidad» que Hananías predica (decirle a la gente lo que quiere oír) se relega al olvido. Es falso.

Todo esto nos lleva de vuelta a la profecía original de Jeremías: que el pueblo de Dios iría al exilio durante setenta años. El mensaje es devastador. Sin duda, la mayor parte del pueblo no sobreviviría mucho tiempo y el resto tendría que soportar la esclavitud en tierra extraña, desplazado de sus casas por el resto de su vida. Incluso los «fieles» entre el pueblo de Dios irían al exilio.

Jeremías está tan conmovido por la idea de esta terrible realidad que decide escribir una carta a quienes al menos sobrevivirían al viaje inicial en el exilio. Recibe un mensaje del Señor, quien quiere prepararlos a ellos y a sus descendientes para los próximos setenta años en Babilonia (el moderno Irak). Aunque este nunca será su verdadero hogar y serán forzados a la esclavitud, aun así el Señor los anima a establecerse, construir casas, cultivar huertos, casarse y tener hijos... para sacar lo mejor de una mala situación.

Se les ordena orar por sus captores, sabiendo que si estos prosperan, es inevitable que ellos también prosperen. Pero debían evitar que los falsos profetas, que se empeñaban en decirles mentiras, volvieran a engañarlos. Estos engañadores eran expertos en adular, hacer falsas promesas y predicar mensajes que tenían que ver con ir tras sueños egocéntricos a expensas de seguir a Dios, tergiversando la verdad.[5] A ellos no los enviaba Dios.

A decir verdad, el pueblo de Dios enfrentaba setenta años de trabajos forzados, una época de disciplina paternal que duraría más que sus vidas, estando todo el tiempo dominados y sometidos a la humillación de ser esclavos de sus enemigos. Sería una vida difícil.

Sin embargo, Jeremías ofrece al pueblo algunas buenas nuevas. Y aquí es donde aparece mi «pasaje personal de vida»:

Así dijo Jehová: Cuando en Babilonia se cumplan los

5. Pablo advirtió a Timoteo en 2 Timoteo 4:3-4 sobre falsos maestros similares.

> setenta años, yo os visitaré, y despertaré sobre vosotros mi buena palabra, para haceros volver a este lugar. Porque yo sé los pensamientos que tengo acerca de vosotros, dice Jehová, pensamientos de paz, y no de mal, para daros el fin que esperáis. Entonces me invocaréis, y vendréis y oraréis a mí, y yo os oiré; y me buscaréis y me hallaréis, porque me buscaréis de todo vuestro corazón. Y seré hallado por vosotros, dice Jehová, y haré volver vuestra cautividad, y os reuniré de todas las naciones y de todos los lugares adonde os arrojé, dice Jehová; y os haré volver al lugar de donde os hice llevar (Jeremías 29:10-14).

En este contexto hay algunos aspectos que debemos notar de inmediato. En primer lugar, Dios está hablando aquí a la nación israelita de Judá. Este es su plan para la nación, no necesariamente una promesa personal dirigida a alguien en particular. Es una promesa «colectiva». Por tanto, debemos proceder con cautela respecto a sacarla de contexto y aplicarla de manera inapropiada a creyentes individuales en el siglo XXI. Dios está hablando de sus planes para restaurar una vez más a su pueblo, prosperarlo ¡y literalmente devolverlo del cautiverio babilónico!

En segundo lugar, esta es una promesa para el pueblo de Dios que *vivirá setenta años a partir de entonces*. La mayoría de las personas que oyeron esta promesa de labios de Jeremías no la verían cumplida en sus vidas. Probablemente perecerían en el exilio antes que se hiciera realidad.

Por consiguiente, los exiliados de entonces debían despojarse de cualquier expectativa de esperar de esto algún tipo de bendición a corto plazo como «merezco lo mejor ahora mismo». Debían soportar setenta años de sufrimiento y angustia por este cautiverio.

Todo esto significa que la profecía de prosperidad y esperanza estaba dirigida a personas futuras: aquellas que nacerían en el exilio y surgirían de ese lugar mucho más tarde, los hijos y nietos de los exiliados de entonces.

¿Me era legítimo entonces apropiarme de Jeremías 29:11-13 y usarlo como mi pasaje de vida? Creo que la respuesta a eso es un claro no. Permíteme explicar.

Recuerda que en mi mente creía que este pasaje funcionaría muy bien para mis sueños personales de tener una vida apacible, próspera y bendecida materialmente mientras buscara a Dios «de todo corazón». Creía que al menos Dios estaba obligado a convertir mi futuro inmediato en algo bello.

Imaginé un gran trabajo después de la universidad, un cómodo estilo de vida, buena salud... un futuro *definido a mi manera*. No tenía problemas en manipular el texto bíblico para adaptarlo a mis ideas preconcebidas de «bendición» mientras, al mismo tiempo, daba a Dios mi calendario para que estas cosas se realizaran.

Pero al hacer esto yo estaba violando el contexto y pasando completamente por alto el hecho de que Dios estaba hablando a una nación (no a un individuo), la cual debía soportar setenta años de angustia y exilio antes que hubiera alguna esperanza de libertad del cautiverio. Y si el mensaje no podía usarse como una promesa para el futuro inmediato de quienes lo oyeron primero, tampoco debería usarse para mi futuro inmediato.

Entonces, ¿hay algo de esta profecía que yo pudiera aplicar hoy día a mi vida? Sí. Aunque es verdad que la promesa de una «esperanza futura» no garantizaba bendición a corto plazo, no obstante todavía tiene una aplicación práctica para ellos y para mí en sentido definitivo y eterno.

El cumplimiento más preciado y grandioso de esta profecía debe realizarse en un *modo espiritual.* Esta promesa debería producir gran sensación de gozo al creyente que ansía la «esperanza futura» de experimentar vida eterna con Dios, una restauración que se apreciará en el sentido más pleno. Allí es donde se experimentará prosperidad y protección en abundancia, cuando nos «volvamos» a Él.

Mi «sueño estadounidense» inmediato no podría sustentarse en estos versículos. Cuando yo era joven, no pensaba en una aplicación espiritual general en el sentido eterno. No pensaba en prosperidad espiritual, protección espiritual o esperanza espiritual de una eternidad en el cielo con Dios. Pensaba principalmente en términos materialistas, en aquí y ahora.

Una vez que comprendí mi error, me desilusioné y decepcioné de alguna manera. Esto me hizo reflexionar y me puse en el lugar de las personas que oyeron inicialmente estas palabras en su camino al exilio. ¿Y si la voluntad de Dios para mí fuera llevar una vida terrible según cálculos y normas humanos (como ellos irían a llevar) solo para ser recompensado en abundancia con una vida eterna gloriosa después de mi muerte? ¿Podría yo manejar eso? ¿Y aun así amaría, serviría y buscaría a Dios con la misma intensidad?

Incluso Jeremías, el profeta que pronunció estas palabras, tuvo una vida que fue menos que estelar según nuestra mentalidad. Fue odiado, expulsado de su casa, encarcelado y lanzado a un pozo lleno de lodo. De modo que incluso para él, este profeta magnífico, la esperanza de un futuro próspero y glorioso debía efectuarse más en la esperanza misma del cielo de lo que se experimentaría en la vida temporal aquí y ahora. Al leer Hebreos 11 podemos ver que muchos en el pueblo de Dios debieron tener la misma clase de esperanza futura. Muchos de ellos padecieron horriblemente en esta vida, y sin embargo vivieron por fe con la esperanza de una salvación plena en un futuro que ni siquiera pudieron ver.

Como cristiano creyente en el Nuevo Testamento, aún puedo utilizar Jeremías 29, pero debo aplicarlo de modo apropiado. Sin duda, una «esperanza celestial» existe para quienes han puesto su fe y confianza solo en Cristo para salvación. Esta es en mi opinión la mejor aplicación de estos versículos para quien vive hoy día por fe.

Pero esto no significa que todo al respecto esté reservado para nuestro futuro en el cielo. Yo también argumentaría que gran cantidad de bendición y prosperidad pueden venirnos aquí y ahora. Pero son principalmente *bendiciones espirituales*, bendiciones como reconciliación, perdón, paz con Dios, comunión en la iglesia y amor. Bendiciones como el fruto del Espíritu, respuestas a la oración y gozo en adorar.

Pero si cometemos el error de redefinir la frase «pensamientos de paz, y no de mal, para daros el fin que esperáis» («planes de bienestar y no de calamidad, a fin de darles un futuro y una esperanza», NVI) con nuestra propia idea preconcebida de que eso debe ser para nuestras vidas presentes en sentido material, entonces hemos pasado por alto y desviado el contexto para satisfacer nuestras necesidades y deseos humanos.

Ahora bien, esto no niega el hecho de que, debido a su gracia, Dios podría elegir bendecirnos con un trabajo muy bien remunerado, una familia hermosa y una vida saludable. Pero la conclusión es que no debemos esperar que estas cosas sucedan o tratar de apelar a la promesa de Jeremías 29:11-13 a fin de confirmar nuestras expectativas. No tenemos derecho a mantener rehén a Dios de una promesa que hemos malinterpretado.

Amigo, al fin y al cabo en esta vida no debemos esperar nuestra propia gloria y vivir para ella. En vez de eso debemos vivir para la gloria de Dios ahora y esperar la gloria que recibiremos de Él en la vida venidera. La Biblia dice que en este mundo debemos considerarnos peregrinos y extranjeros. Dios cumplirá sus promesas, sí, pero no todas se cumplirán del modo que queremos que se cumplan en esta vida, y no podemos tergiversar las Escrituras para que esto suceda, ni hacer que funcionen para nosotros de la forma que queremos. Tenemos que vivir por fe, y quienes lo hagan recibirán lo que Él prometió. Además, cuando lo buscamos de todo corazón, ciertamente lo encontraremos.

Crecí mucho desde el campamento de la iglesia, y aún creo que está permitido que alguien escoja para sí un versículo o pasaje de vida. Pero estudiémoslo primero en contexto, no sea que cometamos la catastrófica equivocación de utilizarlo y aplicarlo de modo errado. Jeremías 29:11-13 contiene algunas promesas fabulosas, pero si lo uso para exigirle a Dios el sueño estadounidense, quizá yo debería estar dispuesto primero a soportar literalmente setenta años de cautiverio (si eso es lo que el Señor decida hacer).

Creo que es mejor usar el pasaje para inspirarnos a buscar la vida espiritual que es vida verdadera ahora, mientras confiamos en la esperanza futura de la vida que está por venir.

CAPÍTULO 4

Donde dos o tres se reúnen

«Donde están dos o tres congregados en mi nombre, allí estoy yo en medio de ellos».

—Mateo 18:20

¿HAS EXPERIMENTADO alguna vez un momento en que sucedió algo y, en ese mismo instante, supiste que se convertiría en un recuerdo de por vida?

Muchas personas recuerdan dónde estaban cuando le dispararon al presidente Kennedy en 1963, o cuando el transbordador espacial *Challenger* explotó en 1986, o dónde se encontraban durante los ataques terroristas el 11 de septiembre de 2001. En el lado más positivo, recuerdos como tu primer beso, tu graduación de bachillerato, el día de tu boda o el nacimiento de tu primer hijo son todos momentos significativos que se graban rápida y fácilmente en nuestras mentes.

Pero a veces los recuerdos de la vida están hechos de cosas sencillas, nada traumático o dramático. Para mí, uno de tales sucesos cotidianos ocurrió hace varios años cuando mi hijo Joshua de cuatro años y yo hacíamos juntos un mandado. Empezamos una de esas conversaciones simples pero profundas que surgen de vez en cuando.

Era un hermoso día soleado, y había nubes blancas y esponjosas esparcidas por todas partes en el cielo azul. Mientras conducíamos, Joshua empezó con las preguntas, como hacen a menudo los niños de cuatro años:

—Papá, ¿dónde está Dios?

—Bueno, está en todas partes, Joshua —contesté.

—¿Por qué entonces no puedo verlo?

—Bueno, Dios está aquí en la tierra, y también en el cielo, pero no puedes verlo realmente hasta que llegues al cielo. Sin embargo, Él aún está ahora aquí con nosotros. Es más, está cerca de nosotros.

—¿Está en los árboles?

—Sí, si te subes a un árbol, Dios está allí.

—¿Está en el cielo?

—Sí, Él está en el cielo.

—¿Está en las nubes?

—Sí, Joshua, Dios está en las nubes. (Yo podría decir hacia dónde estaba yendo su pequeña mente).

—¿Papá?

—Sí, Joshua.

—Quiero ver que Dios salga de las nubes.

Esa última declaración me conmovió, y sentí que me desgarraba cuando le respondí.

—Yo también, Joshua, yo también... un día lo veremos.

Una simple conversación inquisitiva se había convertido

para mí en un momento de adoración, todo de la mente de un niño que deseaba comprender.

Todo empieza a temprana edad con preguntas sencillas: ¿Dónde está Dios? ¿Está con nosotros? ¿Por qué no puedo verlo? Desde luego, los cristianos adultos sabemos que Dios es espíritu e invisible. Sabemos que la Biblia nos enseña que Él es omnipresente. En otras palabras, Dios (en todo su ser) está presente en todas partes dentro de su creación (pero es totalmente distinto de esta). Dios no está limitado por espacio ni tiempo. Esta es la deducción de lo que David manifestó en Salmos 139:7-10, cuando escribió:

> ¿A dónde me iré de tu Espíritu? ¿Y a dónde huiré de tu presencia? Si subiere a los cielos, allí estás tú; y si en el Seol hiciere mi estrado, he aquí, allí tú estás. Si tomare las alas del alba y habitare en el extremo del mar, aun allí me guiará tu mano, y me asirá tu diestra.

David creía que Dios estaba en todas partes todo el tiempo. No podía escapar de su presencia.

Pero esta no es la única forma en que la Biblia habla de la presencia de Dios. Tal vez la manera más dramática en que Dios revela su presencia es en la persona de Jesucristo. Este es el milagro conocido como la encarnación, el momento en que Dios entró a la historia humana, tomando forma humana a fin de redimir a quienes creen en su vida, muerte y resurrección de entre los muertos.

De manera muy diferente, también sabemos que el Espíritu de Dios (completamente Dios mismo) ha decidido residir en los corazones de los que confían en Cristo para salvación. Quienes creen en Cristo reciben el regalo de que el Espíritu Santo more en ellos y experimentan a Dios en forma muy real y personal. Él no solo vive con nosotros sino también *dentro de* nosotros.

Entonces, es justo afirmar que Dios manifiesta su verdadera presencia en maneras que pueden conocerse y discernirse realmente. Y más a menudo cuando leemos de la presencia de Dios en la Biblia, se encuentra acompañada de la idea de que hay bendición dondequiera que Él esté.

Todo esto nos lleva a un versículo que con frecuencia se recita en círculos cristianos y que ampliamente se saca de contexto y se usa mal. ¿Cuántas veces has estado en una reunión de oración o un culto de adoración en que se escuchan las palabras de Jesús en Mateo 18:20?

> Donde están dos o tres congregados en mi nombre, allí estoy yo en medio de ellos.

No hay duda de que esta es una gran promesa. Cristo nos comunica que cuando la iglesia está reunida, podemos estar seguros de que Él está espiritualmente presente. Pero la pregunta es: En el contexto de Mateo 18, ¿con qué propósito se está reuniendo la iglesia? ¿Para orar? ¿Para adorar? ¿Para tener comunión? Podría sorprenderte comprender que no es por nada de eso.

Bueno, seamos justos aquí. Sin duda cuando los cristianos se reúnen para orar, adorar, tener comunión o incluso para evangelizar, pueden animarse y tener confianza en la promesa de Cristo de que siempre estaría con ellos, incluso «hasta el fin del mundo» (Mateo 28:20). Así que, en general, tenemos todas las razones para creer que Él está dentro de nosotros en sentido individual *y* en sentido colectivo.

Pero el pasaje en Mateo 18 tiene un matiz específico. No está hablando de reuniones de oración ni de adoración. Es más, tampoco habla de comunión cristiana genérica. Jesús habla de disciplina en la iglesia.

En Mateo 18, Jesús está instruyendo a los discípulos en cómo ellos y todos los que los siguen deben manejar situaciones de pecado y conflicto interpersonal. Sus instrucciones al respecto siguen de inmediato a su parábola sobre la oveja perdida (que hace énfasis en restaurar a alguien que se ha descarriado), y precede a la parábola del siervo inmisericorde (que tiene que ver con estar dispuestos a cancelar y perdonar una deuda pendiente).

Por tanto, los temas que se presentan en este contexto son perdón, restauración y reconciliación con un hermano o una hermana que ha pecado contra ti o que se ha descarriado. Jesús enumera varios pasos prácticos que deben darse para reconciliar o restaurar una relación rota, quebrantada o destrozada por el pecado. El primer paso es privado:

> Si tu hermano peca contra ti, ve y repréndele estando tú y él solos; si te oyere, has ganado a tu hermano (Mateo 18:15).

Básicamente, Jesús está enseñando que el pecado y el conflicto interpersonal no deberían pasarse por alto o descartarse, porque los cristianos en general deben estar comprometidos a mantener relaciones sanas, limpias y totalmente reconciliadas. Después de todo, para esto murió Cristo en última instancia, para que pudiéramos estar reconciliados con Dios y reconciliados unos con otros. Por tanto, debemos guardar y proteger del pecado nuestras relaciones, especialmente las relaciones entre creyentes.

Algunas traducciones bíblicas omiten las palabras *contra ti,* de modo que el texto simplemente dice: «Si tu hermano peca, ve y repréndelo a solas». Esto se debe a que algunos manuscritos antiguos no tienen las palabras *contra ti* en el texto. De cualquier manera, sea que el pecado se cometa «contra ti» o no, aún es necesario que los cristianos aborden el problema del pecado en la iglesia, ya que incluso Pablo declara en Gálatas 6:1:

> Hermanos, si alguno fuere sorprendido en alguna falta, vosotros que sois espirituales, restauradle con espíritu de mansedumbre.

Por tanto, Jesús prescribe un paso inicial de una conversación personal y privada entre cristianos, el objetivo de la cual es perdón y reconciliación. Esta es una confrontación y conversación necesarias que debe hacerse en humildad y amor. Mantener el asunto en privado y en la comunidad más pequeña posible es lo ideal para que cualquier malentendido pueda aclararse, o para que se dé una reconciliación en una forma que no permita que el pecado se extienda a otros.

Además, si el asunto se aclara, se perdona y se resuelve en este nivel, es poco probable que se convierta en un tema del que se murmure o se debata entre otros en maneras poco saludables. Idealmente, así es como deben manejarse todos los pecados y conflictos interpersonales para que el caso pueda cerrarse en el paso uno.

Sin embargo, esto no siempre es posible. Jesús declaró que si las cosas no pueden resolverse en este nivel, es necesario incluir a otras personas. En Mateo 18:16 enseña:

> Mas si no te oyere, toma aún contigo a uno o dos, para que en boca de dos o tres testigos conste toda palabra.

Existen muchos propósitos para esto. Primero, añade un

nivel de seriedad a la necesidad de reconciliación. Segundo, los testigos pueden garantizar que la confrontación se maneje de manera apropiada si el asunto debe pasar necesariamente al siguiente paso (lo que debería ocurrir solo si el paso dos falla). Tercero, estos dos o tres creyentes adicionales pueden servir como tercera parte objetiva que podría unirse y ayudar en el proceso de perdón y reconciliación.

Jesús obviamente está enseñando que el pecado sin arrepentimiento es asunto serio entre cristianos. Y más tarde el apóstol Pablo advertiría a la iglesia en Corinto que maneje el pecado en forma rápida y conveniente, pues «un poco de levadura leuda toda la masa» (1 Corintios 5:6). En otras palabras, el pecado que no se detiene o al que no se le hace caso puede ser devastador para el testimonio de la iglesia y destruir relaciones dentro de la comunidad cristiana. Es más, ¡también puede influir innecesariamente para que otros pequen!

Tal como ya se dijo, si el incidente puede resolverse aquí en este nivel (paso dos), los implicados deben alegrarse, acordar mantenerlo en privado y prometer no volver a tocar el tema. Pero en casos más graves, donde no hay perdón, reconciliación y restauración, el asunto necesariamente debe pasar a un tercer paso más sombrío:

> Si no los oyere a ellos, dilo a la iglesia; y si no oyere a la iglesia, tenle por gentil y publicano (Mateo 18:17).

He aquí el círculo más amplio posible de responsabilidad. Lo que inicialmente fue privado se ha convertido ahora en un asunto más público. Y aquí es donde la madurez espiritual de la iglesia se pondrá a prueba. Parece lógico que primero los líderes de la iglesia estén conscientes de la situación a fin de que puedan hacerse intentos de reconciliación a este nivel. Quizá algunos de ellos ya participaron en el paso. Pero de cualquier modo, si aún no se ha logrado reconciliación, Jesús ordena básicamente que el problema se presente ante la membresía.

¿Por qué? Porque el pecado sin arrepentimiento es un problema grave para quien se niega a reconocerlo y apartarse. Además, es en este nivel que pueden hacerse los mayores esfuerzos por tratar de ayudar a quien se ha descarriado. Aquí es donde todos los que están relacionados con el impenitente pueden acercársele en un intento de «ganarlo otra vez». Aquí es donde la iglesia adopta de veras el significado de ser una comunidad perdonada y perdonadora.

Se debe reconocer que no muchas iglesias hoy día están dispuestas a practicar este paso, principalmente porque malinterpretan el motivo o lo confunden con alguna forma de juicio o castigo. Pero nada de eso es verdad. Según establecimos en un capítulo anterior, la iglesia tiene la obligación de hacer juicios morales en casos de pecado sin arrepentimiento dentro de ella (1 Corintios 5:12). Además, nada de esto debería verse como castigo, puesto que en la cruz Cristo ya recibió el castigo total por nuestros pecados.

Por tanto, no tenemos más alternativa que ver esto como un acto de gracia, un intento desesperado de alcanzar y restaurar a un hermano caído o una hermana caída que se han descarriado. Recordemos que esto sigue a la parábola de Jesús sobre la oveja perdida y, por tanto, Jesús está afirmando que la iglesia debería estar comprometida con amar a la oveja perdida que se ha extraviado saliendo a buscarla. El objetivo aquí es la reconciliación, no el castigo. La misericordia no solo viene al pueblo de Dios sino que se desarrolla *a través* del pueblo de Dios como instrumentos de su amor.

Imaginemos el regocijo que llenaría la iglesia si este paso concluyera con verdadero éxito, si el impenitente llegara a arrepentirse y fuera totalmente restaurado ante Dios y su iglesia. Al igual que el hijo pródigo que regresa a su padre, habría regocijo, celebración y agradecimiento (Lucas 15:11-22). Sospecho que tal suceso transformaría una congregación. Jesús sabía esto, y sospecho que por esto es que lo prescribió como un mandamiento.

Pero lo ideal no siempre se vuelve realidad. Y Jesús también sabía eso, así que dijo a los discípulos que si el impenitente se niega a escuchar o responder a los intentos amorosos de reconciliación que vienen de la iglesia, esta no tendría otra opción que reconocer que esta persona ha decidido endurecer el corazón. Por tanto, deben excluirla de la iglesia debido a su negativa de arrepentirse y recibir perdón. En la época de Jesús, esto equivaldría a ver al individuo como pagano o recaudador de impuestos (los recaudadores de impuestos a menudo eran corruptos en el sistema romano de la época). Habrían sido individuos que estaban claramente fuera de la comunidad reconocida de fe.

La iglesia no habría tenido más alternativa que sacar de la comunión a tal individuo. Esto no significa que quienes permanecen en la iglesia son perfectos. Todos somos pecadores. Pero ese no es el asunto. Se trata de alguien que endurece el corazón hacia su pecado y se niega a reconocerlo y arrepentirse. Cuando esto sucede, la iglesia está obligada nada menos que por el mismo Cristo a despedir de la comunidad reconocida de fe a alguien así. Este es un paso triste y humilde pero necesario.

Al ser cristianos, nuestra meta debe ser nunca renunciar a alguien. Por lo que incluso si la iglesia tiene que pasar a excluir de la comunión a alguien, debería aún seguir tratando de alcanzar a esa persona y ganarla para el Señor.

Aquí es donde nuestro versículo mal entendido encuentra su contexto adecuado. Después de establecer la autoridad y la sanción celestial de la iglesia para tomar tal acción, Jesús promete su presencia en una manera única. He aquí entonces el pasaje en su totalidad:

> Otra vez os digo, que si dos de vosotros se pusieren de acuerdo en la tierra acerca de cualquiera cosa que pidieren, les será hecho por mi Padre que está en los cielos. Porque donde están dos o tres congregados en mi nombre, allí estoy yo en medio de ellos (Mateo 18:19-20).

Jesús está diciendo que cada vez que la iglesia participa en un proceso de reconciliación con alguien que no quiere arrepentirse, puede tener la seguridad de contar con la bendición de Dios en sus esfuerzos. En otras palabras, cuando la iglesia toma decisiones judiciales sobre asuntos de bien y mal que se basan en la verdad de la Palabra de Dios, debe tener la confianza de estar haciendo lo correcto, y que el mismo Cristo está presente, es decir, que espiritualmente se encuentra en medio de ella.

Después de todo, Él es el Dios de reconciliación y quien ha ordenado a la iglesia ser también agente de reconciliación. La iglesia está actuando en nombre de Dios, y por tanto tiene permiso divino cuando busca unidad y pide la bendición del Señor en algo que sin duda es difícil. Este es entonces el verdadero significado y contexto de la frase «donde están dos o tres congregados». Se trata de la presencia de Dios en asuntos judiciales de reconciliación.

Hoy día, cuando oigo que se hace mal uso de Mateo 18:20,

no corro inmediatamente a corregir a quien está mal. Por lo general tiene buenas intenciones, porque es verdad que cuando dos o tres creyentes *están* congregados, o incluso cuando mil o veinte mil creyentes se congregan, nuestro Dios omnipotente está allí con ellos.

Pero lo mismo puede decirse de quien busca en privado el rostro de Dios. En realidad, Jesús mismo enseñó en su Sermón del Monte que debemos practicar con regularidad la oración en los confines de nuestro «aposento». Porque el Padre celestial que ve lo que se hace en secreto, nos recompensará (Mateo 6:6). Ciertamente Dios está con nosotros.

La conclusión es esta: Mateo 18:15-20 es en realidad un pasaje difícil de aplicar. Tratar con asuntos de pecado puede ser complicado. Pero quienes tratan de ser fieles a Dios en abordar el pecado, pueden contar con que la presencia única de Dios bendecirá los esfuerzos que hagan.

Deberíamos estar ansiosos de reunirnos como creyentes en la presencia del Señor para adorarlo, orar, tener comunión con Él y experimentar su gracia. Para ese fin seamos diligentes. En realidad somos su pueblo y según enseña Mateo 18, también somos sus agentes de perdón y reconciliación.

CAPÍTULO 5

Pidan cualquier cosa en mi nombre

«Todo lo que pidiereis al Padre en mi nombre, lo haré, para que el Padre sea glorificado en el Hijo. Si algo pidiereis en mi nombre, yo lo haré».

—Juan 14:13-14

ERA UN MOMENTO SAGRADO, y yo no quería cometer un error. Estaba consciente de que llegaría el momento, y finalmente llegó, que como el más joven de tres hijos me correspondía ahora decir la oración durante la cena.

Al igual que muchos hijos que crecen en hogares cristianos, aprendí a orar viendo y escuchando a mis padres y hermanos mayores. Por tradición, cada vez que mi familia se sentaba a cenar, mi padre era quien oraba por ser cabeza de la familia. Siempre me gustaban sus oraciones en lenguaje sencillo en casa, y luego, cuando le pedían que orara en la iglesia, activaba una especie de «versión Reina-Valera» con muchos «vosotros» y «vuestros». Tal vez era por la presión de orar en público, pero de cualquier modo me impresionaba y sabía que él era sincero.

Yo tenía cerca de cinco años el día en que papá me dio la oportunidad de orar en la mesa. Me lancé e hice la mejor oración que pude recitar. Pero cuando acabé, lo único que escuché fueron risas. Pronto quedó claro qué causó el alboroto. No lo comprendí en ese momento, pero había cerrado mi oración con las mismas palabras que papá usaba cada vez que terminaba de orar. Después de agradecer a Dios por el día y los alimentos, con confianza «aterricé» con las palabras «y bendice Dios a mi maravillosa esposa, a mi hija y a mis hijos maravillosos. Oro en el nombre de Jesús. Amén». Cuando todos empezaron a reír, yo no sabía si debía horrorizarme o reír también. Cuando me di cuenta de lo que había dicho, se me ruborizó el rostro. Definitivamente había creado un recuerdo.

¿Dónde *aprendiste* a orar? ¿Puedes recordar? ¿Fue de un abuelo, padre o amigo? Quizá nunca te enseñaron. Si así es, no estás solo. Todos deben comenzar en alguna parte, y esto también ocurrió con los discípulos de Jesús. Lucas escribe:

> Aconteció que estaba Jesús orando en un lugar, y cuando terminó, uno de sus discípulos le dijo: Señor, enséñanos a orar, como también Juan enseñó a sus discípulos (Lucas 11:1).

No se nos dice qué discípulo pidió guía, pero en realidad no importa. Todos necesitaban aprender, y es evidente que hasta los seguidores de Juan el Bautista también ansiaban aprender de Juan.

Pero cuando Jesús instruyó a sus discípulos sobre la oración a lo largo de su ministerio, les enseñó algo específico que a menudo se ha malinterpretado en círculos cristianos. Jesús dijo a los discípulos que cuando pidieran cosas, debían hacerlo al Padre «*en mi nombre*».

Sin embargo, ¿qué significa eso? ¿Significa que pedir en el nombre de Jesús da a la oración algún tipo de estímulo extra, y de alguna manera aumenta las posibilidades de que esa oración sea escuchada y contestada? ¿Es como una fórmula mágica que garantiza que recibiremos todo lo que pidamos, cualquier cosa que sea, mientras oremos «en su nombre»? Estos son algunos conceptos erróneos comunes.

Recuerdo haber pensado erróneamente en mi juventud que si estas tres palabras no estaban unidas al final de *toda* oración, entonces sería ilegítima, o que de algún modo Dios no podía escucharla. Esa era una comprensión bastante ingenua, por decir lo menos.

Entonces, ¿qué quiso decir Jesús cuando abogó que oremos en su nombre? En primer lugar, al examinar las Escrituras descubrimos que esta frase se utiliza en varios contextos.

Por ejemplo, Jesús habló de recibir a los discípulos (que son como niños pequeños) «en mi nombre» (Mateo 18:5). Él habló de reunirse para tomar acción judicial «en mi nombre» (Mateo 18:20) y habló de milagros hechos, vasos de agua ofrecidos, y el Espíritu Santo enviado «en mi nombre» (Marcos 9:39, 41; Juan 14:26). Al parecer, Jesús tenía mucho más en mente que la oración cuando habló sobre el poder de su nombre.

Sin duda, hacer cualquiera de estas cosas mencionadas «en su nombre» significa hacerlas en una manera coherente con quién es Cristo, con qué enseñó y con todo por lo que aboga (los propósitos de su reino). Es hacer las oraciones de acuerdo con la voluntad de Dios, y definitivamente para su gloria. Es muy importante que recordemos esto al estudiar el texto donde Jesús habló de pedir cualquier cosa «en su nombre».

Lo mejor es ir al lugar en que Jesús pronunció estas palabras, citarlas en su contexto y permitir que otros pasajes nos ayuden en nuestra interpretación. Las palabras de Cristo se encuentran en Juan 14:13-14, pero empecemos con el versículo 12:

> De cierto, de cierto os digo: El que en mí cree, las obras que yo hago, él las hará también; y aun mayores hará, porque yo voy al Padre. Y todo lo que pidiereis al Padre en mi nombre, lo haré, para que el Padre sea glorificado en el Hijo. Si algo pidiereis en mi nombre, yo lo haré (Juan 14:12-14).

Jesús está hablando en la Última Cena a sus discípulos en lo que es más bien una larga velada de drama, diálogo, enseñanza y oración. Es aquí donde Jesús hace estas declaraciones asombrosas. Primero les dice que quienes crean en Jesús harán las obras que Él hace, y más que eso, harán «aun mayores».

A simple vista, esto podría ser difícil de entender, pero seguramente Jesús no está diciendo a los discípulos que tendrían más poder sobrenatural del que Él tenía.[6] Él es Dios, e interpretarlo de ese modo no tiene sentido. La clave para interpretar las obras «aun mayores» es vincular esto con la última frase: «porque yo voy al Padre».

---

6. Sin embargo, es cierto que como apóstoles («enviados») estarían especialmente comisionados por Cristo para realizar señales y milagros sobrenaturales como testimonio de su autoridad como únicos mensajeros de Dios, lo cual autenticó aún más el mensaje del evangelio que predicaron (cp. 2 Corintios 12:12).

Jesús está a punto de decirles a los discípulos que cuando regrese al Padre (lo cual sucederá después de su muerte y resurrección), recibirán el don del Espíritu Santo, lo que tendrá implicaciones importantes para ellos y su ministerio futuro. No solo que el Espíritu Santo les facultará de manera sobrenatural en su ministerio, sino que, debido a que Jesús habrá regresado al Padre, ellos tendrán la clara ventaja de la retrospectiva y podrán señalar la obra concluida de Jesucristo, quien habrá muerto y resucitado para esa época.

Esta imagen de Cristo y el propósito de su venida serán más completos de lo que los primeros creyentes entendieron durante el ministerio terrenal de Cristo, cuando de alguna manera se encontraba velado.[7] Esta claridad, junto con el poder del Espíritu, resulta en muchos más convertidos de los que se vieron durante el ministerio terrenal de Jesús y, en este sentido, las buenas nuevas del evangelio se difundirán más.

He aquí entonces lo que significa obras «aun mayores». La cantidad de milagros «físicos» que fueron realizados por Jesús son nada en comparación con el número de milagros «espirituales» que se llevarán a cabo cuando tanto judíos como gentiles se conviertan a Cristo en la era de la iglesia llena del Espíritu.

Y es aquí dentro de esta nueva era de ministerio que Jesús promete su ayuda:

> Todo lo que pidiereis al Padre en mi nombre, lo haré, para que el Padre sea glorificado en el Hijo. Si algo pidiereis en mi nombre, yo lo haré (Juan 14:13-14).

---

7. Sin duda esto se deberá a la influencia y presencia permanente del Espíritu Santo, cuyo papel es iluminarles la mente, enseñarles y recordarles las verdades que Jesús enseñó (Juan 14:26).

En otras palabras, el poderoso ministerio de Jesús está vinculado a contar con la oración contestada. Y la clave para la eficacia de las oraciones de los discípulos es que estén pidiendo «en su nombre», que nuevamente tiene que ver con orar en forma coherente con quién es Cristo, con qué enseñó y con todo aquello por lo que aboga (los propósitos de su reino).

En esencia, es orar de acuerdo con la voluntad de Dios (finalmente para la gloria de Dios), a fin de «que el Padre sea glorificado en el Hijo». Entonces, mientras los discípulos oran «en el nombre de Jesús» con tales motivos en mente, pueden estar seguros de que sus oraciones serán contestadas, y que Jesús mismo («*yo* lo haré») estará ayudándoles desde el cielo en sus esfuerzos ministeriales.

Cuando las personas aprenden a orar de este modo, con estos motivos y con esta perspectiva, es asombroso ver cómo Dios responde las oraciones. Estas pasan de un enfoque egoísta a uno más centrado en Dios, algo que lo glorifica, y los resultados son dramáticos. En realidad esta es la clara promesa de 1 Juan 5:14-15:

> Esta es la confianza que tenemos en él, que si pedimos alguna *cosa conforme a su voluntad*, él nos oye. Y si sabemos que él nos oye en cualquiera cosa que pidamos, *sabemos que tenemos las peticiones que le hayamos hecho*.

Nuestra primera inclinación por lo general es orar en una forma que se ajuste a lo que creemos que es mejor, o según los resultados que deseamos. Por ejemplo, si padecemos dolor o recibimos un diagnóstico desfavorable, generalmente oramos de inmediato porque Dios se lleve el dolor o cure por completo lo que está enfermándonos. Pedimos que nuestras circunstancias cambien.

No está mal orar por estas cosas, pero sería mejor orar algo así:

> Señor, sé que tienes un propósito para todo lo que permites en mi vida, y mi oración es que seas glorificado del modo que te parezca mejor. Enséñame, por favor, lo que deseas que aprenda de esto para que mi fe crezca. Ayúdame, por favor, a ver cuáles podrían ser tus propósitos soberanos, de modo que pueda regocijarme en tu plan y confiar en tu gracia. Sin embargo, Señor, si te agrada, te pido que alivies y cures este dolor, porque este es mi deseo. De cualquier manera, confío en ti y oro porque se haga tu voluntad. Te pido esto en el nombre de Jesús. Amén.

Creo que esta es una forma sana de orar. Quizá no sea perfecta (estoy creciendo en mi comprensión de cómo orar), pero demuestra confianza, docilidad y dependencia en Dios. También busca aceptar humildemente su plan soberano, cualquiera que pueda ser. Al mismo tiempo, no dudes en pedir a Dios los deseos de tu corazón, sabiendo que si la respuesta es no o no todavía, Él te concederá gracia suficiente para enfrentar el reto.

Nuestro objetivo en la oración es ver a Dios glorificado pase lo que pase; es ver las cosas a su manera a fin de que nuestra voluntad se alinee con la suya. Y una vez que esto suceda, nuestras oraciones se llenarán de poder. Serán contestadas, y llenos de confianza podemos afirmar: «Sabemos que tenemos las peticiones que le hayamos hecho» (1 Juan 5:15). Esto, amigo mío, es lo que significa pedir «en su nombre».

Por tanto, es seguro decir que orar «en su nombre» no

es una simple frase mecánica que podemos invocar, simplemente para asegurarnos de que todas y cada una de nuestras peticiones son oídas por Dios. Tampoco tiene que ver con dar a nuestras oraciones un estímulo extra hacia el cielo para que encuentren favor adicional con Dios. Y no es una carta especial que podemos jugar para enviar un plan personal secreto y «forzar la mano de Dios» sobre algo que no es parte de su propósito.

Sonrío cuando pienso en mi padre y sus constantes oraciones por «su maravillosa esposa, su hija y sus hijos maravillosos». No fui bendecido con una hija, pero Dios me otorgó el regalo de una esposa maravillosa y dos hijos varones. Y mi oración es que, cuando oro por ellos, sepa lo que significa realmente orar en el nombre de Jesús.

CAPÍTULO 6

Todo ayuda para bien

«Sabemos que a los que aman a Dios, todas las cosas les ayudan a bien, esto es, a los que conforme a su propósito son llamados».

—Romanos 8:28

Jamás he dudado que Dios sea bueno. Incluso cuando de pequeño leí *Las crónicas de Narnia* de C. S. Lewis, sabía que el león Aslan (quien era una figura de Cristo) no era un león inofensivo, pero que era *bueno*.

Esto de alguna manera parece más fácil de aceptar para algunas personas cuando son jóvenes. Pero a medida que crecemos y los desafíos y las cicatrices de la vida se vuelven realidad, es más difícil para algunos ver la perspectiva bíblica que se encuentra en el antiguo adagio: «Dios es bueno todo el tiempo, y todo el tiempo Dios es bueno».

Decir que Dios es bueno es decir que dentro de su corazón Él es moralmente excelente y amable. Su corazón es veraz, su amor es puro, y su amabilidad se ve en la bondad y misericordia que ofrece en abundancia. David declaró al final de Salmos 23:

> Ciertamente el bien y la misericordia me seguirán todos los días de mi vida, y en la casa de Jehová moraré por largos días (Salmos 23:6).

Pero esta idea de que Dios es bueno y que está lleno de bondad a menudo se pone a prueba durante tiempos difíciles, y trae a la mente un versículo que con frecuencia se malinterpreta hasta el punto en que algunos han cuestionado la naturaleza «buena» de Dios mismo. El versículo es Romanos 8:28, y fue escrito por el apóstol Pablo en lo que quizá es una de las secciones más gloriosas y conocidas en toda la Biblia:

> Sabemos que a los que aman a Dios, todas las cosas les ayudan a bien, esto es, a los que conforme a su propósito son llamados (Romanos 8:28).

Allí está entonces: «Todas las cosas ayudan a bien». Sin embargo, ¿qué significa realmente esta promesa? ¿Significa que pase lo que pase en la vida, todo va a estar bien?

Cuando el médico llama y el cáncer ha regresado, ¿es cierto que todas las cosas ayudan a bien? Cuando los agentes de policía tocan a tu puerta en la noche de graduación de tu hijo, ¿es cierto que todas las cosas ayudan a bien? Cuando pierdes tu trabajo, tu matrimonio de treinta años empieza a desmoronarse o tu cartera de valores se desploma justo antes de tu jubilación, ¿es verdad que todas las cosas ayudan a bien?

¿Dónde encuentras el bien cuando el médico expresa: «Lo siento, lo único que podemos hacer es lograr que se sienta lo mejor posible»? Para muchas personas, Romanos 8:28

simplemente parece una promesa incumplida o peor aún, una mentira descarada.

Pero llegar a esa conclusión, que desde luego es falsa, surge de una interpretación errónea de lo que Pablo realmente está diciendo. Como siempre, es importante mirar más de cerca este versículo en contexto para que podamos entenderlo y aplicarlo apropiadamente.

Antes que todo, debemos saber que aquí el apóstol Pablo habla a *creyentes*, los que han confiado en Cristo para su salvación y a quienes se les ha concedido el don del Espíritu Santo que mora en ellos. Esto se volverá aún más obvio cuando examinamos el versículo.

Temáticamente, Pablo acaba de exponer en esta sección de la Biblia la idea de que los creyentes en Cristo recibirán una herencia de parte de Dios, y que están destinados a la gloria, lo cual pone nuestros sufrimientos en perspectiva. En realidad, Pablo afirma que los sufrimientos que experimentamos en la vida son insignificantes en comparación con la gloria futura que nos espera como gente de fe.

Anhelamos que llegue el momento en que Cristo regrese, y tanto el cuerpo como el alma serán liberados de la naturaleza caída y finalmente glorificados.[8] La Biblia dice que juntamente con la creación «gemimos» por ello.

No obstante, hasta que ese día llegue, debemos confiar en el Espíritu Santo en todas nuestras debilidades diarias. Durante épocas en que no sabemos cómo orar por una si-

8. Desde luego, todos los creyentes que mueran antes del regreso de Cristo serán santificados por completo (moralmente perfectos como Cristo) después de muertos cuando sus almas entren en la presencia del Señor. Sin embargo, esperamos la resurrección del cuerpo en el regreso de Cristo, y entonces podremos decir con confianza que tanto el cuerpo como el alma han sido glorificados.

tuación, debemos confiar en que el Espíritu Santo nos ayuda e intercede por nosotros. Pero aunque no siempre sabemos cómo interpretar nuestras luchas cotidianas, ni incluso cómo orar acerca de las cosas debido a nuestras limitaciones y debilidades humanas, hay algo que sí sabemos:

> Sabemos que a los que aman a Dios, todas las cosas les ayudan a bien, esto es, a los que conforme a su propósito son llamados (Romanos 8:28).

¿Ves el contraste? Hay mucho que no sabemos, pero hay algo que sí sabemos: *todas las cosas ayudan a bien*. Por tanto, la primera pregunta es: ¿Para quién? ¿Todas las cosas ayudan a bien para todo el mundo? No. La idea es muy específica. Pablo informa que esta es una promesa solo para cristianos. Es para quienes aman a Dios, o dicho de otra manera desde el punto de vista de Dios, para «los que conforme a su propósito son llamados» (a la salvación).

Esto debería comunicarte de inmediato que no todos pueden reclamar esta promesa, porque no todo el mundo cree en Cristo. De ahí que los cristianos deben tener cuidado en usar este versículo como una promesa para un amigo o un ser querido que no es creyente. Por favor, ten en cuenta eso.

La segunda pregunta es: ¿Qué significa decir que todas las cosas ayuda a bien? ¿Está Pablo definiendo la palabra *bien* del modo que podríamos tener la tentación de definirla hoy día? ¿Es el *bien* una abreviatura para éxito en general? ¿Salud, seguridad financiera o felicidad personal? De ser así, tengo noticias para Pablo: parece que Dios no siempre hace que todas las cosas ayuden a bien para los cristianos en ese sentido. Como bien sabes, la vida puede estar llena de tragedia, hasta para los cristianos. Los seres queridos mueren.

A la gente le da cáncer. Se pierden trabajos. Los niños se lastiman. (De lo contrario, todos querrían ser cristianos).

¿Cuál es entonces el bien supremo del que Pablo habla? Bueno, la respuesta está en el siguiente versículo:

> A los que antes conoció, también los predestinó para que fuesen hechos conformes a la imagen de su Hijo (Romanos 8:29).

Ahí lo tienes. Ese es el bien supremo por el cual Dios está tejiendo y obrando las cosas para bien. El bien de *hacernos más como Cristo* o como Pablo dijo: ser «hechos conformes a la imagen de su Hijo». Esto significa que como cristianos tenemos que desechar nuestra definición superficial carnal de lo que es bueno como se define en términos modernos, y cambiarlo por una definición teológicamente sólida del bien.[9] En otras palabras, en este caso nuestra definición de bien debería ser la definición del Señor: ser «hechos conformes a la imagen de su Hijo»; ser hechos más como Jesús.[10]

En este sentido, «todas las cosas» que suceden en la vida cristiana están diseñadas para este propósito: el bien definitivo de traer gloria a Dios, de promover los propósitos de su reino y hacernos más santos, llenarnos de amor, generar

9. Aunque no trataremos directamente con esto, es interesante ver que Pablo definió a todos los creyentes en Cristo como aquellos a quienes Dios *conoció* y *predestinó*, ¡lo cual nos comunica que Él ha estado actuando para nuestro bien desde antes de la creación del mundo!

10. Pero para que no pensemos que la definición que Dios tiene del bien es totalmente acerca de *nosotros*, debemos recordar que cualquier cosa que glorifique a Dios y promueva los propósitos de su reino podría llamarse correctamente *bien*, pero sin duda esto también incluye nuestra transformación.

humildad, desarrollar nuestra paciencia, cultivar nuestra confianza en Dios... Él está utilizando estas circunstancias (recuerda: «todas las cosas») para hacernos crecer espiritualmente y ser más como Él hasta el día en que nos llame a la casa celestial o regrese a la tierra, lo que venga primero (el día en que seamos «glorificados», ver el versículo 30).

Esencialmente entonces, Dios está tejiendo grandes triunfos y terribles tragedias para sus propósitos soberanos en el mundo, lo cual incluye transformarnos. El ejemplo más dramático de esto se encuentra en la cruz de Cristo. Allí fue donde Satanás, el diablo, creyó que había ganado, pero Dios había entretejido a propósito las acciones de hombres pecadores en algo que fue para nuestro bien superior (nuestra salvación). Hechos 4 lo capta muy bien. Después que el concilio prohibiera a Pedro y Juan predicar o enseñar en el nombre de Jesús, ellos informaron estas cosas a su pueblo y luego oraron en voz alta en su presencia:

> En efecto, en esta ciudad se reunieron Herodes y Poncio Pilato, con los gentiles y con el pueblo de Israel, contra tu santo siervo Jesús, a quien ungiste para hacer lo que de antemano tu poder y tu voluntad habían determinado que sucediera (Hechos 4:27-28, NVI).

Entonces este es el misterio. Suceden cosas malas, pero Dios las hace funcionar para bien. Él ya tenía planeado que Jesús fuera a la cruz, y hombres malvados lo pusieron allí. Pero este era el propósito soberano divino; de modo que nosotros, «los que conforme a su propósito somos llamados», pudiéramos recibir el bien supremo que provino incluso del pináculo de la maldad humana.

Por eso debemos recordar que pase lo que pase en la vida,

Dios está actuando tras bambalinas, porque «el que comenzó en [nosotros] la buena obra, la perfeccionará» (Filipenses 1:6).

Hasta el peor mal que nos sucede como cristianos es para un bien mayor (una vez más: para que Dios pueda ser glorificado, para que los propósitos del reino prosperen y para que nos volvamos más como Él).

Así que pongamos esto a prueba, ¿de acuerdo?

Hace poco más de cincuenta años, cinco misioneros estadounidenses viajaron a una región remota del Ecuador para llevar el evangelio a una tribu notoriamente violenta conocida como los indios aucas. Los misioneros eran Jim Elliot, Nate Saint, Ed McCully, Roger Youderian y Peter Fleming, quienes comenzaron a contactar a estos nativos desde su avioneta.

Finalmente acamparon cerca y tuvieron encuentros amistosos con algunos de los nativos en un intento por edificar una relación. Sin embargo, en el transcurso de sus interacciones se llevó a cabo un terrible malentendido y diez de los nativos mataron a los cinco misioneros con lanzas y machetes. Estoy seguro de que la pregunta en el momento fue: ¿Qué bien tenía Dios en mente para todo esto?

Años más tarde, Elisabeth Elliot (esposa de Jim Elliot) y Rachel Saint (hermana de Nate Saint) participaron más en los continuos esfuerzos misioneros a los indios aucas. Por medio de una jovencita auca llamada Dayuma, quien había huido y estaba viviendo exiliada de la tribu, pudieron aprender la lengua de los indios aucas y, en última instancia, regresaron con ella a vivir en la tribu, llevando a muchos de ellos a Cristo, ¡incluso a algunos de los hombres que asesinaron a sus seres queridos!

Al parecer estas mujeres tenían todo el derecho de estar dolidas y enojadas por lo que había acontecido, pero la gracia y el amor de Dios las motivó a perdonar y alcanzar a los aucas… todo en el nombre de Cristo.

¿Cuál fue entonces el bien que Dios sacó de tan terrible tragedia? Simplemente que muchos aucas llegaron a la fe salvadora en Cristo. Las mujeres fueron utilizadas por Dios para transmitir el evangelio y obtuvieron un testimonio del poder del perdón y la gracia. Para los misioneros originales que resultaron muertos, su recompensa fue la gloria del cielo, y su historia ha inspirado a cientos más a entrar al campo misionero por la causa de Cristo.

Esto es lo que significa decir que todas las cosas ayudan a bien para los que aman a Dios y son llamados conforme al propósito divino. Solo Dios vio este panorama general. Él fue el único que conocía su plan de bien supremo.

Entonces, si a tu vida viene gran sufrimiento y tragedia, como creyente en Cristo debes saber que Dios está organizando algo tanto para su bien como para el tuyo. Y mientras teje su plan, podemos regocijarnos en saber que este plan está hecho a la medida para cada uno de nosotros mientras Dios trata de hacernos más semejantes a Él. La vida para el creyente tal vez no siempre se sienta segura, pero es para bien (tanto en esta vida como en la venidera). No hay mayor seguridad que saber esto.

CAPÍTULO 7

Si mi pueblo que lleva mi nombre

> «Si se humillare mi pueblo, sobre el cual mi nombre es invocado, y oraren, y buscaren mi rostro, y se convirtieren de sus malos caminos; entonces yo oiré desde los cielos, y perdonaré sus pecados, y sanaré su tierra».
>
> —2 Crónicas 7:14

Algo acerca de la arqueología bíblica me fascina. Siempre me ha gustado la historia, y el campo de la arqueología tiene el gran privilegio de ver cómo la historia cobra vida. Aunque puede ser un trabajo arduo, muchos investigadores declaran que estar en una excavación arqueológica es como ser un niño en una tienda de caramelos. No se sabe cuándo te encontrarás con un fragmento de la historia que cuenta un relato sobre un pueblo o una cultura de hace miles de años.

La Biblia es un libro que contiene mucha historia antigua. Sin duda, es mucho más que eso. Es la revelación de Dios a nosotros, y su preocupación principal es acerca de revelarnos al Señor y su plan de salvación para nosotros. Pero incluso como revelación, sus historias y escenarios son de naturaleza histórica, y la arqueología bíblica tiene un registro asombroso de confirmar la veracidad e historicidad de los relatos bíblicos.

Para interpretar correctamente las Escrituras no solo es importante considerar el contexto literario del pasaje mismo, sino considerar su contexto histórico. Gran parte de lo que se llevó a cabo sucedió en civilizaciones antiguas, donde lenguajes, estilos de vida, sistemas de gobierno y valores culturales variaban según la época y ubicación geográfica. Las historias en la Biblia presentan personas reales que vivieron hace siglos en culturas muy diferentes a las nuestras.

Conocer esta historia es clave para la interpretación, y por suerte contamos con abundantes recursos en estudios históricos, literarios, culturales y sociológicos que pueden ayudarnos en nuestra tarea. Nuestra base de conocimiento ha aumentado dramáticamente en esta era de información, y por tanto nuestra capacidad de entender el entorno histórico de las Escrituras se encuentra en su punto más alto.

Un pasaje bíblico del Antiguo Testamento se ha malinterpretado históricamente porque se le ha prestado poca atención a su contexto histórico y cultural. El versículo es 2 Crónicas 7:14, que a menudo se usa hoy día en reuniones de oración (especialmente durante el Día Nacional de Oración). Se trata de un versículo que hace una promesa dramática, y muchos que aman al Señor y a sus naciones han puesto sus esperanzas en las verdades de estas palabras:

> Si se humillare mi pueblo, sobre el cual mi nombre es invocado, y oraren, y buscaren mi rostro, y se convirtieren de sus malos caminos; entonces yo oiré desde los cielos,

y perdonaré sus pecados, y sanaré su tierra (2 Crónicas 7:14).

El versículo está repleto de grandes verdades espirituales: la necesidad de humillarse, oración, búsqueda de Dios y arrepentimiento. Además, promete el oído atento de Dios, perdón y sanidad. A primera vista parece un versículo ideal para clamar por creyentes que anhelan ver que sobre sus países se derramen justicia, verdad y bendición. Sin embargo, ¿es legítimo su uso? Veamos el contexto.

El hijo del rey David, Salomón, asumió el papel de monarca de Israel. Construyó un imponente templo para el Señor, trajo el arca del pacto (el símbolo de la presencia del Señor) y dedicó el templo delante del pueblo de Dios congregado. Este se convirtió en un momento decisivo para la nación de Israel, ya que Dios había cumplido su promesa a David.

Cuando Salomón se presenta delante del pueblo, pronuncia un discurso poderoso, encabezado por una oración de dedicación. Imagina que ves a Salomón de rodillas ante el Señor, extendiendo los brazos hacia el cielo, y adorando a Dios mientras describe su fidelidad al pacto. ¡Qué escena!

Él ora porque el Señor esté atento a sus oraciones y a las oraciones de su pueblo que se ofrezcan en este lugar. Además, pide que Dios actúe como juez, como quien perdona pecados y que decline el juicio divino (como sequía y hambre) cuando el pueblo llegue en arrepentimiento por su pecado delante de Él.

Salomón pide al Señor que escuche las oraciones de los extranjeros que busquen el rostro de Dios en este templo, y que bendiga a Israel en tiempos de guerra. Entonces finalmente, si el Señor permite que Israel sea derrotado a causa de su pecado, le pide a Dios que perdone y muestre compasión cuando el pueblo se arrepienta. Salomón cierra su oración apelando a que el Señor actúe definitivamente a favor de este templo, de los sacerdotes, del pueblo y de él mismo como rey ungido por Dios.

En una dramática respuesta visual en afirmación de la oración de Salomón, cae fuego del cielo y consume los sacrificios, y la gloria de Dios inunda el templo. Las personas caen de bruces al verse abrumadas por este magnífico acontecimiento, y adoran al Señor con cánticos, sacrificios y fiestas que duran otra semana. Después de esto, regresan a sus hogares con gozo en sus corazones. Los días de gloria de Israel están en su punto más alto.

Transcurren años y Salomón también termina su palacio. Entonces de repente, en medio de la noche, el Señor se le aparece en privado (no se nos dice cómo). Y lo que sigue es la respuesta personal del Señor a la oración muy pública de Salomón años antes en el templo:

> Yo he oído tu oración, y he elegido para mí este lugar por casa de sacrificio. Si yo cerrare los cielos para que no haya lluvia, y si mandare a la langosta que consuma la tierra, o si enviare pestilencia a mi pueblo; si se humillare mi pueblo, sobre el cual mi nombre es invocado, y oraren, y buscaren mi rostro, y se convirtieren de sus malos caminos; entonces yo oiré desde los cielos, y perdonaré sus pecados, y sanaré su tierra (2 Crónicas 7:12-14).

Hay varios puntos que debemos notar en este pasaje. Esta respuesta se da específicamente a Salomón, el rey que representa y dirige al pueblo elegido de Dios, la nación de

Israel. El «lugar» al que el Señor se refiere es nada menos que el templo, la «casa de sacrificio».

Esto es significativo porque la promesa que Dios hace es específicamente a *este* rey y a *estas* personas en *este* tiempo y *este* lugar. No pretende ser una promesa general que se dé a alguna otra nación sobre la faz de la tierra. Ninguna otra nación pudo alguna vez afirmar que era «el pueblo de Dios», y ninguna otra nación hoy día tiene un templo donde mora el Dios vivo.

Además, observa que el Señor supone que Israel (el pueblo de Dios) pecará, porque proclama que habrá tiempos de sequía y hambre, donde envía langostas a devorar la tierra y plagas o enfermedades sobre las personas o el ganado, todo como un acto de juicio por los pecados de los israelitas. Sin embargo, este juicio será efímero si el pueblo de Dios («sobre el cual mi nombre es invocado») se humilla, ora, busca a Dios y se arrepiente.

Entonces el Señor hará algo sorprendente en respuesta. No solamente les perdonará el pecado, sino que restaurará la tierra física que fue diezmada por los actos físicos de juicio (sequía, langostas y plagas). En otras palabras, restaurará la tierra para que vuelva a llover, de modo que habrá cultivos y una cosecha que alimentará a su pueblo y les suplirá sus necesidades. Una vez más, esta curación particular no necesariamente es de naturaleza espiritual, sino física y pertenece a la tierra misma.

Después el Señor promete otra vez escuchar las oraciones ofrecidas en el templo y traer bendición continua a Salomón, si él permanece fiel en caminar de acuerdo con los mandamientos y las leyes de Dios.

Mi esperanza es que ahora puedas ver cómo se ha sacado de su contexto y malinterpretado este versículo bíblico. Aunque los principios espirituales de humildad, arrepentimiento, oración, perdón y sanidad siguen siendo relevantes hoy día para nosotros, la promesa vinculante de este pasaje fue para otras personas en otro tiempo y otro lugar. No es una promesa para cualquier nación además de Israel, que pudiera correctamente ser llamada «pueblo de Dios».

Además, la sanidad que se promete es específicamente una sanidad de una tierra física, y por tanto no podemos equivocar la idea de sanidad, generalizarla, y aplicarla como promesa de avivamiento espiritual para cualquier nación donde residen cristianos. Ese sería un mal uso del texto.

Aun así, permíteme ser claro. En ninguna manera estoy diciendo que los cristianos deberían negarse a orar por sus naciones o sus dirigentes. Ese sería un acto de desobediencia, porque el apóstol Pablo, al hablar con su protegido Timoteo, manifestó:

> Exhorto ante todo, a que se hagan rogativas, oraciones, peticiones y acciones de gracias, por todos los hombres; por los reyes y por todos los que están en eminencia, para que vivamos quieta y reposadamente en toda piedad y honestidad. Porque esto es bueno y agradable delante de Dios nuestro Salvador, el cual quiere que todos los hombres sean salvos y vengan al conocimiento de la verdad (1 Timoteo 2:1-4).

Dios se complace cuando oramos. También le agrada cuando intercedemos por otros, por nuestros líderes y por nuestra nación. Además, desea ver personas humilladas y arrepentidas para que puedan salvarse por medio de la fe en Cristo y llegar al conocimiento de la verdad. Entonces se unirán al pueblo de Dios (la iglesia) sobre el cual se invoca su nombre.

Además, encontrarán nueva ciudadanía en un reino espiritual que se mantendrá firme por la eternidad y será inconmovible (Hebreos 12:28). Llegarán a ser ciudadanos de una nación mejor, con una ciudad que ha sido preparada exclusivamente para ellos (Hebreos 11:16). Serán ciudadanos del cielo mismo (Filipenses 3:20).

El nuestro es un mundo caído, que no parece estar mejorando y que un día pasará. Pero los cristianos nos animamos en el hecho de que este mundo no es nuestro hogar... el cielo sí lo es. Y un día habrá un cielo nuevo y una tierra nueva. Hasta que ese momento llegue debemos caminar fielmente, predicando el evangelio, orando por nuestra nación y sus gobernantes, y regocijándonos en las libertades que tenemos el privilegio de disfrutar.

Pero no debemos confundir el país en que vivimos con el reino de Dios, aunque sea la nación más fabulosa sobre la tierra, fundada en principios bíblicos, una nación por la que aún valga la pena vivir y morir.

Es un principio bíblico cierto que cuando el pueblo se arrepiente, vienen tiempos de refrigerio y bendición (Hechos 3:19-20). Por eso, en este sentido, debemos orar porque en nuestra tierra se arraiguen el arrepentimiento y el avivamiento para que el perdón, la gracia y la sanidad de Dios caigan sobre nosotros. Pero no es una aplicación adecuada reclamar 2 Crónicas 7:14 como el versículo que invoca la promesa de Dios y garantiza que esto suceda en la forma exacta que pasó con el antiguo Israel.

CAPÍTULO 8

Jesús como primogénito sobre toda creación

«El es la imagen del Dios invisible, el primogénito de toda creación».

—Colosenses 1:15

Se cuenta la historia de una niña pequeña con gran imaginación. Se llamaba Jennifer, y estaba en su clase de jardín de infantes haciendo lo que a menudo hacen los niños de guardería. Ella había tomado sus lápices de colores y papel para hacer una tarea y estaba esforzándose en crear una obra maestra.

Su profesora recorría el salón de clases, mirando sobre los hombros de los alumnos, elogiándolos y animándolos en su trabajo. Entonces llegó hasta donde Jennifer.

—Jennifer, cariño, ¿qué estás tratando de dibujar? —preguntó la maestra.

La precoz niña de cinco años levantó la mirada.

—Estoy dibujando a Dios —contestó con total confianza, y regresó a trabajar.

El rostro de la maestra sonrió y su corazón soltó una risa ahogada.

—Pero Jennifer —cuestionó con toda su vasta sabiduría y conocimiento—, nadie sabe cómo es Dios.

—Lo sabrán en un minuto —respondió Jennifer sin perder un segundo y siguiendo centrada en su trabajo.

En el Evangelio de Juan se nos dice que nadie ha visto al Dios invisible (en la plenitud de su gloria divina). Verlo significaría muerte instantánea a causa de nuestra pecaminosidad intrínseca (Éxodo 33:20). Pero la buena noticia es que cuando se encarnó y tomó forma humana, Dios decidió revelarse en una manera que pudiéramos tocar (Juan 1:14, 18; Filipenses 2:8). Su nombre es Jesús, y el testimonio constante del Nuevo Testamento es que Él es completamente Dios a quien podemos conocer (Filipenses 2:6-8; Hebreos 1:1-3).

No sé tú, pero yo siempre he tratado de imaginar lo que la gente del primer siglo veía cuando se encontraba con Jesús. Al haber viajado por diferentes partes del mundo, he observado que cada cultura tiene su propia concepción de cómo pudo haber sido Jesús. En un viaje reciente a Japón, me sorprendió en gran manera ver un folleto del evangelio en que un personaje de dibujos animados en la historia se parecía mucho a un Jesús japonés.

Eso también ocurre en partes de África y Occidente. Conceptualizamos a Jesús para que se parezca a nosotros. Recuerdo haber crecido en la iglesia mirando una imagen de un Jesús de aspecto muy caucásico con largo cabello castaño y ojos azules orando en el huerto de Getsemaní. Pero la realidad es que Jesús no era negro, ni blanco ni de aspecto asiático. Fue un judío de Oriente Medio.

Su piel debió haber sido de un color verde oliva, quizá con apariencia bronceada. Es muy probable que hubiera tenido complexión fuerte y apariencia natural, de aspecto robusto como alguien que trabajó como hijo de carpintero la mayor parte de su vida. Su cabello probablemente era muy corto y el rostro cubierto de barba. Todo esto habría sido la apariencia común de la mayoría de los hombres judíos. En general, es bastante justo decir que lo más probable es que Jesús tuviera un aspecto promedio, porque incluso cuando fue traicionado por Judas, este convino de antemano en indicarlo a los soldados romanos con un beso en la mejilla. Esto podría sugerir que la apariencia de Jesús no sobresalía de los demás, pero es simple especulación.

La conclusión es que el Nuevo Testamento nos da poca descripción de cómo era Jesús. Para ser sinceros, en realidad no era necesario que los apóstoles nos dieran ese tipo de información. Pero *era necesario* confirmar que Jesús era Dios en forma humana (1 Juan 4:2). Su papel en ser nuestro sacrificio sustitutivo (quien tomó nuestro lugar) en la cruz depende de este hecho.

Pero muchos falsos maestros, tales como los gnósticos, enseñaban que toda materia física era maligna y que solo el espíritu o lo no material era bueno. Por tanto, afirmaban que Jesús solo pudo haber *parecido* humano pero que en realidad fue más probablemente un fantasma o un espíritu. Otros indicaron que quizá fue alguna clase de ángel celestial creado por Dios.

Esta última idea (que Jesús fue alguna clase de ángel creado) es una herejía doctrinal que ha estado circulando desde la época de la iglesia primitiva, pero más recientemente afirmada por los Testigos de Jehová (TJ). Según las falsas enseñanzas de los TJ, Jesús no fue nada más que el primer ángel creado, el arcángel Miguel, quien fue enviado del cielo a la tierra y que se convirtió en Jesús (un hombre temporal, y nada más que un hombre).

Los TJ enseñan que aunque Jesús pudo haber sido hombre mientras estuvo aquí en la tierra, cuando murió, su humanidad fue completamente aniquilada y fue resucitado de los muertos como «un espíritu inmortal que regresó al cielo para convertirse otra vez en el arcángel Miguel».[11] Además, fue a través de este ángel creado (Miguel, quien se convirtió en Cristo) que Dios o Jehová creó todas las demás cosas en el universo. Por eso enseñan que Jesús pudo ser un «dios menor», pero no igual al Dios todopoderoso o a Jehová mismo, y que ciertamente fue un ser creado mucho antes que se convirtiera en hombre.[12]

A fin de demostrar sus afirmaciones, los TJ malinterpretan a menudo un versículo que a primera vista parece respaldar su tesis, pero que al investigarse mejor, no corrobora sus aseveraciones. El versículo es Colosenses 1:15:

> [Jesús] es la imagen del Dios invisible, el primogénito de toda creación.

---

11. Fritz Ridenour, *So What's the Difference? A Look at 20 Worldviews, Faiths and Religions and How They Compare to Christianity* (Ventura: Regal Books, 2001), edición revisada y ampliada, p. 123.

12. Esta fue la enseñanza de Charles Taze Russell, fundador de los Testigos de Jehová, quien también negó la deidad del Espíritu Santo y la existencia del infierno, y también aseguró que Cristo regresó espiritualmente (no literalmente) a la tierra en 1914, y que ahora reina espiritualmente por medio de la autoridad absoluta de la *Watchtower Society*.

La opinión de los TJ es que el apóstol Pablo está hablando de Cristo como un ser creado. Sin embargo, aunque es cierto que *primogénito* por lo general significa el primer hijo nacido dentro de una familia, *esto no es lo que la palabra significa en este caso particular*, y el contexto y los versículos circundantes dejan eso en claro (lo cual veremos en un instante).

Pero primero es importante observar que la palabra *primogénito* puede usarse en un sentido muy distinto. También puede referirse a la idea de posición, rango o preeminencia. Tal fue el caso con el rey David en el Antiguo Testamento, quien fue el último en orden de nacimiento en su familia pero fue ungido como el «primogénito, el más excelso de los reyes de la tierra» (Salmos 89:27).

Ese también fue el caso de la nación de Israel. Es obvio que Israel como nación no fue el primer pueblo nacido en la tierra (ya que generaciones vivieron antes que el Señor estableciera la nación). Sin embargo, el Señor instruyó a Moisés que le dijera a Faraón rey de Egipto que «Israel es mi hijo, mi primogénito» (Éxodo 4:22). En otras palabras, Israel ocupó un lugar especial como el pueblo al que Dios había escogido para recibir preeminencia y la herencia de la tierra prometida, y por tanto son «herederos».

Esta misma idea de preeminencia y rango también se aplicó a Jacob y Esaú. Aunque Esaú nació primero, sin embargo la herencia prometida fue para el hermano menor Jacob, a quien se le consideró «primogénito».

Todos estos ejemplos muestran que no es necesario deducir que Jesús fuera tan solo un ser creado porque se le dio el título de *primogénito*. La cronología no siempre se considera. Además, tal interpretación no tiene sentido debido al contexto. Como Pablo afirmó en la primera parte del versículo 15, Jesús «es la imagen del Dios invisible». Por tanto, no fue «hecho a imagen de Dios», sino más bien que *es* la imagen de Dios. En otras palabras, Él es la semejanza de Dios («la imagen misma de su sustancia» [Hebreos 1:3]), o nada menos que Dios mismo.

Además, en dos versículos siguientes Pablo atribuye a Jesús el papel de Creador, quien fue «antes de todas las cosas»:

> En él fueron creadas todas las cosas, las que hay en los cielos y las que hay en la tierra, visibles e invisibles; sean tronos, sean dominios, sean principados, sean potestades; todo fue creado por medio de él y para él. Y él es antes de todas las cosas, y todas las cosas en él subsisten (Colosenses 1:16-17).

Si en realidad «todas las cosas... en *los cielos* y... en la tierra» fueron creadas por Jesús, no tiene sentido decir que Jesús mismo fue un ser creado. Además, el hecho de que Pablo afirme que Jesús fue «antes de todas las cosas» significa que existió antes de la creación, por lo que ha existido por toda la eternidad. Este contexto inmediato refuta la interpretación de los TJ de que Jesús fue un ser creado. Muy al contrario, Pablo argumenta que Jesús es el Dios que creó todas las cosas, y que toda esa creación fue creada por Él, para Él y sustentada por Él.

El Evangelio de Juan también refuta rápidamente la afirmación de los TJ de que Jesús es un ser creado. En Juan 1:3 el apóstol escribe:

> Todas las cosas por él fueron hechas, y sin él nada de lo que ha *sido hecho, fue hecho*.

Juan dice: «Todas las cosas por él fueron hechas». Por

tanto, Jesús, la segunda persona de la Trinidad, no puede considerarse como algo «que fue hecho», ¡sino que es el Hacedor mismo!

Para mostrar hasta dónde pueden llegar los TJ, su propia traducción de la Biblia inserta la palabra *otras* en varios lugares de Colosenses 1:15-17, aunque ese vocablo no existe en el texto griego original:

> Él es la imagen del Dios invisible, el primogénito de toda la creación; porque por medio de él todas las [otras] cosas fueron creadas en los cielos y sobre la tierra, las cosas visibles y las cosas invisibles, no importa que sean tronos, o señoríos, o gobiernos, o autoridades. Todas las [otras] cosas han sido creadas mediante él y para él. También, él es antes de todas las [otras] cosas y por medio de él se hizo que todas las [otras] cosas existieran (Colosenses 1:15-17, *Traducción del Nuevo Mundo* de la Watchtower Society).

Al añadir la palabra *otras* a su traducción, intentan sugerir que Jesús fue primero «hecho» por Dios y que luego todas las «otras» cosas fueron hechas por Jesús. Esto equivale nada menos que a deshonestidad académica, porque la expresión *otras* no existe en el original ni se sugiere por algo en el contexto.

Por esto es que indico al principio de este libro que cuando la Biblia es mal manejada o usada de manera inadecuada (o en este caso, mal traducida por el solo hecho de apoyar un plan teológico secreto), puede convertirse en un libro peligroso.

Cualquiera que estudie fotografía sabe que cuando la configuración de la cámara no está ajustada correctamente, la foto puede salir distorsionada o borrosa. Tal es también el caso cuando alguien interpreta la Biblia sin mirar el contexto, o haciendo caso omiso a lo que claramente enseña en otros lugares.

Aunque no es posible que tengamos una descripción física de Jesús, sin duda podemos descubrir una descripción teológica apropiada cuando interpretamos correctamente las Escrituras; y lo que Dios dibujó fue una obra maestra.

CAPÍTULO 9

El dinero como raíz de todo mal

> «Raíz de todos los males es el amor al dinero, el cual codiciando algunos, se extraviaron de la fe, y fueron traspasados de muchos dolores».
>
> —1 Timoteo 6:10

DINERO, DINERO, DINERO, dinero, ¡dinero! Tales son las primeras palabras del máximo éxito «Por amor al dinero» del famoso grupo R&B The O'Jays. Primero en popularidad a inicios de la década de los setenta, la canción ha resucitado y hace poco la utilizaron como tema musical de los programas de Donald Trump, *The Apprentice* y *The Celebrity Apprentice*.

Es una canción pegajosa, y a los estadounidenses les encanta. La melodía, así es. Bueno… quizá la letra también.

Hay algo acerca del dinero que tiende a consumir la cultura estadounidense. Sucede que somos la nación más rica que ha existido en la historia del mundo, para bien o para mal. Por tanto, al mirar uno de los versículos populares malinterpretados, nuestra atención gira ahora hacia el dinero.

Hay dos aspectos errados con el título de este capítulo, y he hecho esto a propósito. Pero primero debes saber que la declaración «el dinero es la raíz de todo mal» es la que la mayoría de las personas recita cuando trata de recordar lo que la Biblia dice respecto al dinero. La impresión (que es claramente falsa) es que Dios desprecia a los ricos y que el dinero en sí es la fuente de todos los males que existen en este planeta. Nada de eso es cierto.

Para empezar, ¡sería útil recitar todo el versículo en contexto y citarlo con mayor precisión! Hagámoslo. En mi opinión, la mejor traducción de este versículo viene de la Nueva Versión Internacional, que traduce exactamente la última frase en la primera parte del versículo. Se lee:

> El amor al dinero es *la raíz de toda clase de males*. Por codiciarlo, algunos se han desviado de la fe y se han causado muchísimos sinsabores (1 Timoteo 6:10).

Observa que Pablo en general no denuncia el dinero en sí, sino que nos advierte acerca del «amor al dinero». Aquí hay una diferencia significativa. La Biblia no enseña en ninguna parte que esté mal poseer dinero o que esté mal tener grandes cantidades de este. Ser rico no es pecado.

No obstante, la Biblia nos advierte sobre las muchas tensiones, presiones y tentaciones que conlleva tener mucho dinero, y nos instruye a ser responsables, generosos y benevolentes, en especial con aquellos en necesidad. Además, Jesús enseñó en una de sus parábolas que nuestras posesiones (o dinero) no deberían poseernos (o ser nuestro amo) de manera que lleguen a consumirnos y las sirvamos por encima de Dios. Mateo 6:24 dice: «No podéis servir a Dios y a las riquezas».

Lo interesante es que tanto los que tienen mucho *como* los que tienen muy poco pueden estar tan consumidos por una pasión por el dinero que este los domine. Esto es contra lo que nos advirtió Jesús. ¡Solo Jesús nuestro Señor debe ser nuestro amo!

Entonces, en primer lugar el problema radica en el *amor* al dinero, y en segundo lugar, Pablo afirma que el amor al dinero es *una* «raíz de todos los males». Observa la diferencia aquí. La frase popular que la gente recita generalmente viene de la Reina-Valera 1960, la cual declara: «Porque raíz de *todos* los males es el amor al dinero» (1 Timoteo 6:10). Esta parece indicar que *todos y cada uno de los males*, independientemente de cuáles sean, tienen su raíz o lugar de origen en el «amor al dinero». Pero esto no transmite con exactitud lo que Pablo está diciendo y su traducción es defectuosa debido al contexto.

Permíteme mostrarte lo que quiero decir, comenzando con el versículo 9. Pablo expresó:

> Los que quieren enriquecerse caen en la tentación y se vuelven esclavos de sus muchos deseos. Estos afanes insensatos y dañinos hunden a la gente en la ruina y en la destrucción (1 Timoteo 6:9, NVI).

Presta atención a lo que Pablo está hablando del deseo de enriquecerse (el cual tienen muchos falsos maestros) y de lo fácil que es caer en tentación. Este deseo o anhelo de riqueza a menudo lleva a la gente a adoptar codicias dañinas y sin sentido que terminan arruinando vidas. Es más, al final del versículo 10, Pablo dice que debido a estos deseos muchos se han desviado de la fe (la vida cristiana con todas sus actividades espirituales), y en consecuencia se han infligido a sí mismos innecesarias dificultades, o *sinsabores*, como lo traduce la Nueva Versión Internacional.

Pero Pablo no está diciendo que todos y cada uno de los deseos sean malos, o que todos estos lleven a la ruina, sino que «muchos» deseos lo hacen. Por tanto, aquí hay un principio que está abriéndose paso en el texto. No *todos* los deseos, sino *muchos* deseos. No es *todo* el dinero de por sí, sino *el amor al dinero*, y no se trata de *todos* los males, sino de *toda clase* de males.

Pablo está evitando declaraciones radicales y generalizaciones en el contexto de su argumento. Por tanto, una mejor traducción que capta exactamente el griego original en su contexto es:

> El amor al dinero es la raíz de toda clase de males (NVI).

Esto cambia entonces el panorama general. El dinero en sí no es malo, y todo el mal que existe no debe vincularse completamente al dinero (o incluso al amor al dinero), aunque para ser justos, sí ocurre con gran parte de males.

Muchos han sugerido que una fuente importante de maldad humana es el orgullo: el ser humano que lucha por ser su propio dios (lo cual al parecer también fue la tentación de Lucifer). Esta inclinación interior vino como resultado de desobedecer a Dios y ceder a la tentación en el huerto del Edén, el lugar donde Eva fue tentada a «ser como Dios», o en esencia, a ser «su propio dios». El pecado de desobediencia en que Adán y Eva participaron comprometió la ley moral de Dios y marcó el comienzo de la caída de la creación, infectando a toda la humanidad.

Sea codicia, lujuria, mentiras o cualquier lista de vicios que podríamos encontrar, los pecados de la humanidad están arraigados en los deseos de la naturaleza pecaminosa y en la búsqueda de la propia gloria (en oposición a la gloria de Dios). Aunque existe un interés personal sano (como la preservación propia y la administración del propio cuerpo), trágicamente la humanidad ha caído en un retorcido amor propio, con un apetito insaciable de complacer en un grado u otro la naturaleza pecaminosa caída.

En mi opinión, esta es la causa principal de todo pecado (aunque la esencia del pecado mismo es anarquía), y es una ofensa a un Dios santo quien es el único digno de gloria, adoración y obediencia. La única cura para este mal es transformación y nueva vida espiritual que se recibe por medio del arrepentimiento y la fe, de creer en Jesús como Aquel que fue crucificado y resucitó de los muertos, haciendo expiación total por nuestro pecado.

Así pues, no sorprende oír que Jesús dijera que la esencia del discipulado en cada individuo es: «*Niéguese* a sí mismo, y tome su cruz, y sígame [a Jesús]» (Mateo 16:24). Esto parece devolver las cosas a su orden correcto, en que obedecer a Dios y alejarse del deseo carnal de ser tu propio dios es el nombre del juego.

Por tanto, el amor al dinero, arraigado en la búsqueda humana de gloria personal, es la fuente de tremendas cantidades de perversidad. Nos repugnan sucesos como guerras, asesinatos, violaciones y delitos atroces contra la humanidad, y con razón, pero creo que debería disgustarnos igualmente la maldad del individuo y la codicia colectiva que han devastado innumerables vidas y sin duda son la raíz de toda clase de mal.

Una idea final. Además de leer las Escrituras en contexto y con cuidado (buscando palabras, frases e ideas antes y después del texto para ayudarnos a entender mejor lo que realmente el autor está diciendo) cuando alguien cita la Biblia, asegurémonos de que lo haga con exactitud. Como hemos visto aquí, las palabras *el amor al* le dan a la frase a menudo recitada un significado totalmente distinto.

Cuando observo campañas políticas, me pregunto si estoy oyendo toda la historia o el fragmento de una entrevista sacado de contexto y editado en forma estratégica. Tal como se hace esto en la política, también se hace en círculos religiosos (incluso a través de personas bienintencionadas). Entonces haríamos bien en prestar atención a las palabras que Pablo le dio a Timoteo: «Procura con diligencia presentarte a Dios aprobado, como obrero que no tiene de qué avergonzarse, que usa bien la palabra de verdad» (2 Timoteo 2:15).

CAPÍTULO 10

No más de lo que puedes resistir

«Fiel es Dios, que no os dejará ser tentados más de lo que podéis resistir».

—1 CORINTIOS 10:13

ESTE ES UN COMENTARIO que a menudo se ofrece como mensaje de ánimo. Las cosas se ponen difíciles, y sin duda alguien interviene y con buenas intenciones declara: «Recuerda que Dios prometió que no nos probará más de lo que podemos resistir». Pero de alguna manera eso no siempre aligera la carga. Es más, es justo cuestionar incluso si esta promesa es cierta, y en segundo lugar, ¿dónde se encuentra?

El apóstol Pablo tuvo muchos momentos difíciles. Como misionero precursor que a menudo viajó a territorio hostil, habló de buena gana sobre sus sufrimientos por causa de Cristo. Pablo utilizó algunas palabras muy bonitas en 2 Corintios 6 para describir la gravedad de estas pruebas:

aflicciones, dificultades, angustias, azotes, cárcel, trabajo duro, desvelos, hambre, tristeza, maltrato, pobreza, etc. (ver 2 Corintios 6:4-10).

¿Fue eso más de lo que él podía resistir? Escucha lo que Pablo dice al principio de esta misma epístola:

> Hermanos, no queremos que ignoréis acerca de nuestra tribulación que nos sobrevino en Asia; pues fuimos abrumados sobremanera más allá de nuestras fuerzas, de tal modo que aun perdimos la esperanza de conservar la vida. Pero tuvimos en nosotros mismos sentencia de muerte (2 Corintios 1:8-9).

Sin duda parece que el Señor probó a Pablo más allá de sus fuerzas. Su fortaleza personal fue debilitada, y cayó en tal desesperación que deseó morir. ¿Pero por qué? ¿Por qué Dios haría eso? Lo único que debemos hacer es seguir leyendo y terminar el resto del versículo 9.

> ...para que no confiásemos en nosotros mismos, sino en Dios que resucita a los muertos (2 Corintios 1:9).

Ah, entonces por esto es que Dios permitió que a Pablo se le pusiera «a prueba más allá de sus propias fuerzas». El Señor estaba enseñándole a no confiar en su fortaleza sino más bien en la fortaleza que viene de Dios, la misma fortaleza y el mismo poder que Dios ejerció cuando resucitó a Cristo de entre los muertos (Efesios 1:19-20).

De ahí que la idea popular de que Dios no permitirá que seamos «puestos a prueba más allá de [nuestras] propias fuerzas» es en realidad una flagrante falsedad, una mentira. Él nos *probará* más allá de nuestras fuerzas, y esto con el propósito expreso de llevarnos al final de nosotros mismos para que comprendamos que nuestra vida, nuestro aliento y el poder que nos sustenta viene todo el tiempo solo de Dios. Jesús claramente declaró: «Separados de mí *nada* podéis hacer» (Juan 15:5).

¿De dónde viene entonces esta bienintencionada idea? Mi sospecha es que se deriva de lo que Pablo manifestó en 1 Corintios 10:13:

> No os ha sobrevenido ninguna tentación que no sea humana; pero fiel es Dios, que no os dejará ser tentados más de lo que podéis resistir, sino que dará también juntamente con la tentación la salida, para que podáis soportar.

Si miramos más de cerca el texto, veremos que tiene un matiz específico que vale la pena observar. Pablo no está hablando de las circunstancias y dificultades generales de la vida sino específicamente de *tentación*.

La escena es esta. El apóstol está advirtiendo a los cristianos corintios respecto a los peligros de ser arrogantes y demasiado confiados en su habilidad para resistir la tentación. Antes de llegar a la fe en Cristo, muchos de los corintios adoraban ídolos. Asistían a fiestas y festividades populares que se celebraban en los templos de dioses paganos. Comían y bebían en exceso, y participaban en toda la juerga e inmoralidad que formaban parte del mundo social de Corinto.

Ahora que eran cristianos ya no adoraban ídolos, pero al parecer aún querían participar en la vida social de la ciudad. Así que comenzaron a racionalizar. Sentían que mientras tuvieran la perspectiva adecuada de los ídolos, estos en realidad no tenían importancia. Los corintios podían darse la libertad absoluta de participar en estas actividades sociales mientras no sucumbieran a la tentación. No obstante, esto era como jugar con fuego, y Pablo lo sabía. En 1 Corintios 8—10 encontramos la respuesta que les dio a la «libertad en Cristo» que ellos tenían.

Pablo hizo primero una severa advertencia de que, a pesar de que tenían libertad real en Cristo, debían ser muy cuidadosos con ella y no usarla como licencia que de alguna manera pudiera hacer que alguien pecara. No sería buena idea ejercer esa libertad frente a otros cristianos que no eran tan fuertes para resistir la tentación. Eso sería muy poco amoroso y egoísta, y por tanto Pablo quería que estuvieran dispuestos a limitar su libertad por el bien de los «hermanos más débiles».

El apóstol utiliza después su propia vida como ejemplo de limitación propia por el bien de otros. A menudo él renunció a sus propios derechos y libertades por el bien del evangelio. Por ejemplo, aunque tenía todo el derecho como apóstol de recibir ayuda económica de la iglesia (1 Corintios 9:14), sin embargo renunció a ese derecho y trabajó haciendo carpas solo para evitar las críticas de algunos de los corintios que podían haber creído que él solo predicaba por dinero.

Así que Pablo limitó su libertad y el ejercicio de sus propios derechos a fin de evitar malentendidos y críticas para su ministerio (y también había otras razones), e hizo esto con el fin de ganar más personas para Cristo. Cualquiera que haya sido misionero, o que haya participado en misiones de corto plazo, sabe que hay ocasiones en que tal vez deba limitar sus propias libertades con el fin de ganar los corazones de las personas a las que se dirige, y que tienen muchas restricciones culturales y convicciones propias. Eso es lo que Pablo hacía.

Pero los corintios no eran como Pablo. Estaban un poco envanecidos y no eran muy cuidadosos. Estaban dispuestos a llevar su libertad a extremos y coquetear con el desastre porque se creían lo bastante «maduros» para resistir la tentación de volver a sus viejas costumbres.

Después de usar algunas ilustraciones del Antiguo Testamento acerca de cómo Israel caía constantemente en tentación, Pablo advierte a los corintios que no confíen demasiado en su propia capacidad de resistirla, diciéndoles: «El que piensa estar firme, mire que no caiga» (1 Corintios 10:12).

Pero luego Pablo da un viraje y habla de la tentación en general. Pasa de advertir a dar un mensaje de aliento y comprensión. Y aquí es donde entra nuestro versículo. El apóstol empieza hablando de la experiencia humana normal y las características comunes de la tentación que todo el mundo soporta de vez en cuando. En otras palabras, todos la enfrentamos sin excepción. Nadie debería decir: «Bueno, mi tentación es diferente, y ninguno ha sido tentado de este modo». Un escritor ha señalado correctamente: «Las circunstancias pueden ser diferentes, pero las tentaciones básicas no cambian».[13]

La tentación es una experiencia universal. Y como nota al margen, debes saber que no está mal ser tentados, pero sí ceder a la tentación. Sin embargo, Pablo nos ofrece algunas buenas nuevas. No tenemos que ceder a la tentación, porque Dios siempre suplirá una salida. De nuevo, el apóstol declara:

> Fiel es Dios, que no os dejará ser tentados más de lo que podéis resistir, sino que dará también juntamente con la tentación la salida, para que podáis soportar (1 Corintios 10:13).

---

13. John MacArthur, *Primera Corintios: Comentario MacArthur del Nuevo Testamento* (Grand Rapids: Portavoz, 2003), p. 271.

Entonces, aquí es donde Dios no permitirá que seas puesto a prueba más de lo que puedes resistir. Es con respecto a la *tentación*. Pablo imagina a Dios viendo tu situación y comprendiéndola, y extendiendo una mano para ayudarte a salir (ver también Hebreos 4:15). Por tanto, nadie debería decir que no tuvo más remedio que pecar porque la tentación fue demasiado grande y no había manera de escapar de ella.

Dios conoce los límites de una persona con respecto a la tentación, y no permitirá que ninguna tentación le anule la capacidad de resistirla. Él nos proporcionará los recursos espirituales necesarios para que la soportemos lo suficiente. Además, cuando somos tentados, también debemos buscar la salida ordenada por Dios para la tentación. Cuando el humo de la tentación es denso y el fuego está ardiendo, debemos buscar las señales de salida claramente marcadas que nos llevan al aire fresco y a la seguridad.

El escritor de Hebreos nos recuerda que Jesús es nuestra ayuda en esto:

> Pues en cuanto él mismo padeció siendo tentado, es poderoso para socorrer a los que son tentados (Hebreos 2:18).

En otras palabras, tenemos un abogado y un ayudador en Jesucristo, quien abre para nosotros la puerta de escape. Al tomar las señales de las propias tentaciones de Jesús en el desierto, nuestra mejor arma contra la tentación es nada menos que la misma Palabra de Dios, o como Pablo la llama: «la espada del Espíritu» (Efesios 6:17). Cada vez que Satanás fue tras Jesús y lo atacó de frente, Jesús recordó y recitó un versículo y con esa arma resistió el ataque y las afiladas flechas del diablo.

Por esto es que es tan importante memorizar las Escrituras. La «capacidad de soportar» tiene que ver con lo bien que nuestras almas han sido moldeadas y fortificadas por la Palabra de Dios. Esta debería residir en lo profundo de nosotros. Por experiencia muchos cristianos (incluso yo) sabemos que siempre que la tentación aparece en escena, el Espíritu de Dios tiene una forma de traer versículos a la mente justo en el momento correcto. ¡Qué regalo de Dios! Esta es una fuente de poder que nos permite mantenernos firmes (junto con la oración, Marcos 14:38).

Entonces, lo que Pablo está diciendo es una buena noticia para nosotros. Este es el ámbito en que Dios no permitirá que seamos atacados con más de lo que podemos resistir… la tentación. Pero cuando se trata de las dificultades de la vida, debemos estar preparados para recibir más de lo que podemos soportar, a fin de que aprendamos a confiar en Dios y no en nosotros mismos. De cualquier manera, ya sea en grandes pruebas o en momentos de gran tentación, mirar a Dios y apoyarse en Él es la respuesta. Dios es fiel.

CAPÍTULO 11

Instruye al niño

«Instruye al niño en su camino, y aun cuando fuere viejo no se apartará de él».

—PROVERBIOS 22:6

NADIE DIJO QUE ser padre es fácil. Sin embargo, cuando mi esposa y yo tuvimos nuestro primer hijo, recuerdo haber pensado: *Bueno, ¿qué tan difícil puede ser esto? Lo alimentamos, le cambiamos pañales y lo ponemos a dormir, y cuando crezca, algunas cosas serán más fáciles*. Este fue un punto de vista ingenuo, por decir lo menos, y no pasó mucho tiempo antes que mi mundo imaginario recibiera una fuerte dosis de realidad.

Como padre de dos niños muy activos, sinceramente puedo decir que ser padre es una de las mayores bendiciones de mi vida. La alegría que nos brindan a mi esposa y a mí es tan profunda que, para ser sinceros, no estamos seguros de qué hicimos en los ocho años de matrimonio antes de tenerlos. No podemos imaginar la vida sin ellos, y las lecciones que aprendemos cada día nos recuerdan que nuestros hijos son verdaderos regalos de Dios.

Pero nuevamente, esto no significa que sea fácil. Criar hijos requiere paciencia, humildad y sacrificio. Estoy muy convencido de que esta es una de las formas divinamente ordenas en que Dios actúa en nuestra santificación, especialmente cuando se trata de la idea del servicio. En los primeros meses de ser padre aprendí de veras lo egoísta que realmente soy y qué significa servir. Mis planes y mi programación debieron pasar a un segundo plano ante las necesidades inmediatas del momento (alimentación, cambio de pañales y otras). Esta fue buena medicina para mí, y le recuerda a una persona que la vida no gira a su alrededor.

Esos primeros años de crianza también nos llevaron a buscar consejo sabio y sabiduría sobre cómo criar un hijo según los principios bíblicos. Acordar mutuamente cómo formar, entrenar y disciplinar a nuestros hijos en un sentido correctivo y de formación sigue siendo una conversación continua hasta el día de hoy, como debe ser.

Al principio leímos muchos libros acerca de crianza cristiana, y unos fueron mejores que otros. Pero ninguno pudo reemplazar a la fuente principal de sabiduría para criar hijos: la Biblia, la cual tiene mucho que decir sobre las responsabilidades de los padres como la principal influencia de fe en sus hijos.

Ahora bien, sin duda es cierto que una forma importante que un padre tiene de influir en sus hijos es simplemente por medio del ejemplo, amando al Señor con todo el corazón y llevando una vida fiel delante de ellos, porque los hijos imitan lo que ven. Pero una de las maneras más fabulosas en que los padres pueden influir en sus hijos es enseñándoles intencionalmente las Escrituras, o como Dios dice en Deuteronomio, estampando en ellos los mandamientos divinos al comentar las verdades espirituales «estando en tu casa, y andando por el camino, y al acostarte, y cuando te levantes» (Deuteronomio 6:7).

La Biblia está llena de consejo útil y práctico sobre qué hacer y no hacer al criar hijos. Nos advierte sobre los peligros de no disciplinar y, sin embargo, también nos advierte que no seamos demasiado estrictos para así no causar que se vuelvan resentidos o se llenen de desesperación.

A decir verdad, no existe un padre perfecto. Todos somos pecadores y todos cometemos errores. Pero lo importante es que creemos una cultura de gracia en nuestros hogares, donde la comunicación sana, los principios bíblicos y la formación espiritual se conviertan en elementos básicos de la vida cotidiana.

Un principio bíblico que a menudo se malinterpreta como una promesa absoluta se encuentra en Proverbios 22:6. Se trata de un versículo muy conocido al que los padres de hijos mayores a menudo se aferran cuando ven que sus hijos atraviesan épocas de rebelión o lucha:

> Instruye al niño en el camino correcto, y aun en su vejez no lo abandonará (Proverbios 22:6, NVI).

Como pastor recuerdo muchas veces en que se me acercaron padres con esa mirada desesperada en los ojos mientras intentaban lidiar con el significado de este versículo por un hijo que se había descarriado. Es una experiencia desgarradora ver a tu hijo o hija abandonar la forma de vida que se les modeló y enseñó a medida que crecían en un hogar temeroso de Dios. Nadie sabe por qué ocurre esto, pero de alguna manera estos hijos tienen que hacer frente por sí mismos a lo que creen, y parte de ese proceso desdichadamente podría implicar una temporada difícil de decisiones malas y consecuencias dolorosas.

A principios de la década de los noventa tuve la oportunidad de atender el ministerio cristiano en un campus secular universitario en Ohio, y fue interesante observar a estudiantes de primer año que se habían criado en hogares cristianos. Algunos permanecían fieles a la educación de su familia y otros no. De cualquier modo, cada estudiante debía hacerse las preguntas naturales: «¿Es realmente mía la fe en que me criaron? ¿Poseo y creo estas verdades por mí mismo, o simplemente soy producto de un ambiente que tenía un sistema de creencias que en realidad nunca acepté?».

Los que adoptaban la fe en Cristo parecían crecer espiritualmente más bien rápido durante esos años universitarios formativos, pero quienes rechazaban su herencia cristiana sucumbían pronto a la «vida universitaria» e iban en la dirección equivocada, revelando la verdadera condición de sus corazones. Y cuando eso ocurre, muchos padres cristianos se angustian al verse impotentes e incapaces de hacer algo al respecto.

Solo puedo imaginar cómo se sintió el padre en la historia bíblica del pródigo al ver que su hijo se alejaba. Debió haber sido desgarrador. Muchos padres que hoy día ven a sus hijos e hijas rebeldes sienten lo mismo. Pero si los hijos regresan, como hizo el pródigo en la historia, hay un profundo regocijo.

Todo esto nos obliga a examinar Proverbios 22:6. A primera vista parece indicar que si un hijo que fue criado bien cae en rebelión, es solo cuestión de tiempo que se garantice el regreso a lo que es correcto. Pero esto pasa por alto la naturaleza de un proverbio.

Otros lo interpretan en forma distinta, diciendo que instruir a un niño «en el camino correcto» simplemente significa instruirlo según su inclinación y sus tendencias naturales (p. ej., «decidido» o «inseguro»). Entendido de este modo, comunicaría que debemos instruirlo según su propio camino predispuesto. Pero esta interpretación no corresponde con los temas generales del libro.

El libro de Proverbios clarifica que hay un «camino correcto» y un «camino errado», y el primero es la senda de los sabios y el segundo, la de los necios. El «camino correcto» requiere que los padres ejerzan mucho trabajo duro, instrucción y disciplina a fin de preparar al niño para que camine en él. Y esto conlleva mucho trabajo porque las tendencias naturales del hijo por lo general son de la carne debido al pecado intrínseco con que todos nacemos. Según ha observado correctamente un comentarista: «Es difícil explicar por qué una inclinación natural debe instruirse».[14]

Entonces, con esto en mente, no es probable que el proverbio tuviera la intención de instruir a nuestros hijos de acuerdo con su inclinación natural. Aunque es cierto que debemos ser conscientes de la personalidad única que tienen, y adaptar, en consecuencia, nuestros enfoques paternales, no es a esto a lo que apunta el proverbio.

¿Qué está diciendo entonces este versículo? ¿Intenta comunicar que criar a un niño «en el camino correcto» es garantía absoluta de que siempre volverá a este sin importar qué clase de rebelión temporal pueda llevarse a cabo? No necesariamente. Pero a fin de entender por qué esta no es una garantía,

---

14. Allen P. Ross, «Proverbs» en *The Expositor's Bible Commentary*, vol. 5 (Grand Rapids: Zondervan, 1991), p. 1061.

es necesario comprender la naturaleza del libro de Proverbios. *La mayoría de proverbios son principios, no promesas.* Son ideas y verdades generales basadas en la observación y la experiencia, pero no están destinadas a ser garantías universales que llegarán a pasar el 100% de las veces.

El objetivo de este proverbio es aconsejarnos a entrenar a nuestros hijos, especialmente en el «camino de sabiduría», que es el «camino que él no debería abandonar». Este no es otro que el camino «de Dios», la senda de rectitud. Por tanto, el proverbio sugiere que como asunto de observación histórica, cuando de manera constante se hace esta clase de instrucción, por lo general produce resultados positivos, en especial cuando el niño crece y se hace adulto.

Estoy seguro de que estarás de acuerdo conmigo en que quienes somos hoy día tiene mucho que ver con la forma en que nos criaron y enseñaron en nuestros primeros años de formación. Los niños son fácilmente influenciables. Te daré un ejemplo sencillo.

Hubo un tiempo en que creímos que sería divertido dejar que nuestros dos hijos vieran la tira cómica *Tom y Jerry*, donde la rivalidad entre el gato y el ratón a menudo termina en un divertidísimo alboroto. La creatividad del programa es maravillosa mientras estos dos personajes se pelean de lleno. Reímos juntos, y las carcajadas de nuestros niños sin duda iluminaban la sala.

Pero cuando el programa acabó, nos llevamos una sorpresa. El nivel de energía y creatividad que nuestros hijos sacaron de ese programa dio como resultado toda clase de episodios de llanto. No tardamos mucho en comprender que no estaban listos para *Tom y Jerry* porque aún no podían trazar el límite entre la representación y la realidad. Diga lo que diga Hollywood, las películas nos moldean y no son tan solo reflejos de lo que ya está ocurriendo en nuestra cultura.

El escritor de Proverbios está afirmando un principio general acerca de la crianza de los hijos que es tan cierto hoy como lo fue entonces. Los corazones y las mentes se moldean a temprana edad, y los niños imitan lo que ven. Por eso, cuando padres piadosos crean en casa una cultura en que ejercen disciplina sana, formativa y correctiva en sus hijos, lo más probable es que resulte en pensamientos y comportamientos sanos cuando crezcan. Una vez más, esta no es una promesa rígida sino un principio general que surge de años de observación y experiencia.

El erudito en Antiguo Testamento, Tremper Longman III, ofrece algunos comentarios excelentes y una advertencia cuando de entender Proverbios 22:6 se trata. Él escribe:

> El punto es que este proverbio anima a los padres a instruir a sus hijos, pero no garantiza que si hacen eso, sus hijos no se descarriarán. Es de particular importancia que los padres comprendan esta perspectiva con relación a la forma del proverbio cuando la conducta de sus hijos adultos no resulta bien; de otra manera, el versículo se convierte en un mazo de culpabilidad, propósito que no estaba destinado a tener. Por otra parte, el proverbio no debería convertirse en motivo de orgullo si los hijos de alguien resultan bien. El proverbio simplemente es un estímulo para hacer lo correcto cuando de criar hijos se trata.[15]

15. Tremper Longman III, *Proverbs: Baker Commentary on the Old Testament Wisdom and Psalms* (Grand Rapids: Baker Academic, 2006), p. 405.

Si eres padre, no pierdas la esperanza. Sigue modelando la fe. Aunque tus hijos hayan crecido y estén fuera de casa de modo que tu influencia diaria sea mínima, sigue caminando fielmente. Y si en algún momento fallaste en el pasado, admítelo (incluso ante tus hijos) y haz una promesa de cambiar. Los hijos verán los corazones de sus padres, sin importar la edad que tengan.

CAPÍTULO 12

Todo lo puedo

«Todo lo puedo en Cristo que me fortalece».

—FILIPENSES 4:13

IMAGINA DOS NIÑOS jugando en equipos contrarios de baloncesto. No se conocen, pero tienen algo en común. Ambos vienen de hogares cristianos sanos donde se les ha enseñado a amar y servir a Dios. Cada uno también sabe un poco de la Biblia. Es más, aman el mismo versículo bíblico, uno de los primeros que cada uno aprendió de memoria: Filipenses 4:13:

Todo lo puedo en Cristo que me fortalece.

El partido de baloncesto resulta ser una competencia feroz. Durante cuatro tiempos, los muchachos corren, saltan, disparan y rebotan tan fuerte como pueden, ambos fortalecidos por el pensamiento: *Todo lo puedo en Cristo que me fortalece*. Pero, al final del día, solo uno de los chicos y su equipo resulta el ganador. Y en camino a casa cada uno de ellos mira por la ventanilla del auto. Los chicos tendrán dos pensamientos totalmente distintos.

Uno se dirá: *¿Sabes? Dios es maravilloso... Él me fortalece de veras. Ganamos. ¡Qué extraordinario partido!* El otro estará pensando todo lo contrario: *¿Dónde estaba Dios cuando lo necesité hoy? Supongo que su fortaleza no es tan fuerte como yo creía. Vaya broma.*

¿Qué hacemos entonces? ¿Qué niño tiene razón? ¿Cómo funciona para nosotros la promesa de Filipenses 4:13?

Supongamos que voy a llevar del baúl de mi auto al interior de la casa un pesado bulto de sal suavizadora de agua. ¿Es legítimo decirme: *Todo lo puedo en Cristo que me fortalece*? Si el bulto se me cae, ¿me hace eso débil o fue culpa de Dios porque no me dio suficiente fortaleza? Sin duda eso no es lo que Pablo quiere decir aquí.

De nuevo, cuando sacamos la Biblia de contexto y tratamos de usarla como nos parece, fácilmente podemos prepararnos para la derrota. Es más, llegamos a desilusionarnos tanto con Dios que prácticamente hacemos naufragar nuestra fe porque Él no cumplió nuestras expectativas. *¡Dios dijo que haría esto y no lo hizo!* Acto seguido, comenzamos a dudar de la integridad de la Biblia y, en última instancia, de la capacidad de Dios de cumplir lo que promete.

Por tanto, la pregunta es: ¿Qué está diciéndonos realmente Pablo en Filipenses 4:13? ¿Cómo debería aplicarse esta verdad a nuestras vidas? ¿Estamos hablando de fortaleza física, fortaleza espiritual o una combinación de ambas cosas?

Además, ¿qué significa «todo»? ¿Debería un ladrón de bancos decirse correctamente: *Todo lo puedo en Cristo que me fortalece* en el momento que agarra ese montón de dinero? Desde luego, eso es algo tonto, pero refleja cómo las personas manejan las Escrituras. Sin duda es necesario considerar la idea de poder hacer «todo». Así que pongámonos a trabajar e investigar un poco, porque creo que el verdadero mensaje que Pablo está dando aquí es algo que todos debemos entender.

La carta a los filipenses en el Nuevo Testamento fue escrita por el apóstol Pablo mientras estaba bajo arresto domiciliario en Roma. Al enfrentar un futuro incierto, Pablo no estaba seguro si sería ejecutado por los romanos, que eran ampliamente conocidos por perseguir a la Iglesia. No obstante, se sintió obligado a escribir una carta a la primera iglesia que inició en Grecia, en la región de Macedonia. La iglesia estaba en la ciudad de Filipos, y existió hasta mediados del siglo XIII d.C.

Según el Nuevo Testamento, la primera persona que se convirtió a Cristo en Filipos fue una mujer llamada Lidia (Hechos 16:14-15). Poco después de esto, Pablo y su colega en el ministerio, Silas, fueron encarcelados en Filipos por «interferir» con el comercio local al expulsar los demonios de una muchacha esclava que, como adivinadora, ganaba dinero para sus dueños. Sin embargo, incluso en la cárcel llevaron al carcelero filipense a la fe en Cristo.

Bajo la influencia de Pablo, la iglesia en Filipos creció y se volvió relativamente próspera; a menudo le enviaba apoyo financiero mientras él se encontraba en el campo misionero, y parte del motivo de Pablo para escribir esta carta fue agradecerles su apoyo.

Pero más que nada, la carta de Pablo a los filipenses pretendía ser un mensaje de actualización, aliento y exhortación. Pablo desea verlos crecer espiritualmente y servir a Dios con fidelidad y sin ningún apego al mundo. Quiere que estén unidos, experimentando el gozo que se encuentra en Cristo. Es más, las palabras *gozo, regocijo* y otros similares se usan no menos de dieciséis veces en los cuatro capítulos del libro.

Obviamente, esto era algo con que los filipenses batallaban. Amaban al Señor pero habían puesto mucha confianza en su propia capacidad de vivir en forma cristiana. En consecuencia, estaban cada vez más preocupados, agitados y según parece irritados unos con otros.

Poco ha cambiado para nosotros hoy día. Es fácil ser consumidos por la preocupación. *¿Dónde vamos a conseguir el dinero? ¿De qué manera puedo encontrar tiempo para hacer todo esto? ¿Cómo funcionará esto otro?* Este tipo de preocupaciones pueden desviar rápidamente nuestra fe e impedir que sirvamos al Señor (ver la enseñanza de Jesús en Marcos 4:19). Lo cierto es que cuando estamos envueltos en cosas mundanas y distraídos por nuestras circunstancias, esto obstaculiza nuestro crecimiento espiritual y sofoca nuestra utilidad en el reino de Dios.

¿*Estás* preocupado por tus necesidades? ¿Te preguntas cómo proveerá Dios, especialmente si no ves una manera? Te aseguro que no estás solo. Todos enfrentamos temores similares de vez en cuando. Así que por un minuto finjamos ser miembros de la iglesia filipense y dejemos que las palabras de Pablo nos ministren.

El deseo de Pablo era ver a la iglesia firme en la fe. Los instó a ser prontos en reconciliar relaciones tensas, a regocijarse siempre en el Señor, a no estar ansiosos, a orar por todo y a fijar sus mentes en lo que es excelente y digno de alabanza. Hasta el fin de la carta, su objetivo fue animarlos a no preocuparse por sus necesidades:

> Mi Dios, pues, suplirá todo lo que os falta conforme a sus riquezas en gloria en Cristo Jesús (Filipenses 4:19).

Dios *estaba* allí. No había abandonado a los filipenses.

Él conocía la situación y las necesidades de ellos. Y como el apóstol Pedro nos enseñó bien en los Evangelios en cuanto a su experiencia con Jesús, si pasas más tiempo temiendo al viento y a las olas que en mantener tu mirada en Cristo, te encontrarás hundiéndote rápidamente con una fe vacilante (ver Mateo 14:22-31).

Sin duda, vivir por fe no siempre es fácil. Pero es lo que Dios requiere de nosotros. Él no nos prometió una vida fácil. Además, no quiere que estemos demasiado cómodos. Hay mucho más por delante en la vida futura. Por tanto, la conclusión es esta: Debemos confiar en Dios sabiendo que Él ha prometido suplir nuestras necesidades (ver Mateo 6:25-34). Cualquier cosa menos que eso es deshonrar a Dios, porque no es su voluntad que nuestros corazones estén confundidos o preocupados.

Aunque Pablo recuerda a los filipenses que Dios siempre provee para su pueblo, e incluso usa como ejemplo los obsequios que el apóstol recibió de ellos, también los deja con un pequeño secreto, una perla de sabiduría que a menudo pasamos por alto. Es el don divino del contentamiento: aprender a estar contentos sin importar las circunstancias:

> En gran manera me gocé en el Señor de que ya al fin habéis revivido vuestro cuidado de mí; de lo cual también estabais solícitos, pero os faltaba la oportunidad. No lo digo porque tenga escasez, pues he aprendido a contentarme, cualquiera que sea mi situación. Sé vivir humildemente, y sé tener abundancia; en todo y por todo estoy enseñado, así para estar saciado como para tener hambre, así para tener abundancia como para padecer necesidad (Filipenses 4:10-12).

Entonces sí, Pablo recibió lo que le regalaron y estaba profundamente agradecido. Pero usa este momento de enseñanza para participarles un principio vinculante que debería ser norma para todo cristiano: *Cualquiera que sea tu situación en la vida, aprende a estar contento...* sea bien alimentado o hambriento, rico o pobre, etc. Y nuestra capacidad para estar contentos en medio de las luchas humanas se debe a esta verdad conmovedora: Todo lo puedo en Cristo que me fortalece.

¡Ajá! Entonces aquí está el verdadero contexto de este versículo. Pablo está hablando de contentamiento. Es como si estuviera diciendo: «He aprendido a estar contento en cualquier situación porque Dios es Aquel que está dándome la fortaleza espiritual para estar contento». Dios le había dado el poder para no preocuparse.

Me apunto, ¿correcto? Oh, qué diferente podría ser la vida si aprovecháramos la fortaleza espiritual que Dios provee para dejar de preocuparnos respecto a nuestras necesidades y encontrar un verdadero y perdurable sentido de contentamiento. Sin duda nos preocuparíamos menos y nos alegraríamos más. Tal vez un sentido más profundo de paz protegería nuestras vidas. Seríamos menos irritables, más optimistas y nos enfocaríamos en asuntos espirituales. Me atrevería a decir que incluso nuestros tiempos de oración y adoración serían mucho más agradables.

Qué gozo sería llegar al lugar en nuestras vidas en que supiéramos que podemos confiar en Cristo para provisión, y descansáramos en sus fuerzas para «todo» y en «todo». Tener esa clase de fortaleza espiritual sería maravilloso. ¡Monumental! Y según lo que Pablo afirma, absolutamente posible.

Así que Filipenses 4:13 no es tanto sobre tener la fortaleza para pararnos y cantar un solo en la iglesia. En realidad no es sobre quién tiene la fortaleza para jugar con lo mejor de sus habilidades en una competencia deportiva, o acerca de tener las fuerzas para levantar un bulto de sal. ¡Y sin duda no tiene que ver con tener el valor y la fortaleza para robar un banco!

Este versículo trata con tener la fortaleza para estar contentos al enfrentar esos momentos en la vida cuando los recursos físicos son mínimos. Se trata de tener fe en el Dios que provee, el Dios que está en control soberano de toda circunstancia de vida, ¡el Dios que ve y conoce nuestras necesidades y que ha prometido satisfacerlas en Cristo!

Entiende, por favor, que incluso el apóstol Pablo debió aprender esto. Por ejemplo, Pablo habló a la iglesia corintia acerca de la ocasión en que estaba rogándole a Dios que eliminara algo de su vida («un aguijón») que le ocasionaba una debilidad increíble. Quizá se trataba de una lucha física de alguna clase, pero no lo sabemos con seguridad. De cualquier modo, algo le causaba sufrimiento y deseaba alivio. Pero Dios decidió no cambiarle la circunstancia. En vez de eso, le dio a Pablo fortaleza para enfrentar su debilidad:

> [El Señor] me ha dicho: Bástate mi gracia; porque mi poder se perfecciona en la debilidad. Por tanto, de buena gana me gloriaré más bien en mis debilidades, para que repose sobre mí el poder de Cristo. Por lo cual, por amor a Cristo me gozo en las debilidades, en afrentas, en necesidades, en persecuciones, en angustias; porque cuando soy débil, entonces soy fuerte (2 Corintios 12:9-10).

Esto ilustra a la perfección la verdad que Pablo también intentaba enseñar a los filipenses: Que Dios provee fortaleza y poder para estar contentos cuando la vida no es ideal. Él nos da la gracia necesaria para perseverar y vencer. Además, hay algo acerca de ser débil que le dio al poder de Dios una oportunidad de exhibirse, y al final esto trajo gloria al Señor. Y ya que este era de todos modos el objetivo final de Pablo (mostrar a Dios y traerle gloria), se deleitó en la gracia de Dios que le concedió fortaleza espiritual para estar contento.

Es tentador pensar: *Cuando consiga un aumento, me sentiré estable y seguro*, o: *Tan pronto como me case, al fin encontraré contentamiento*. Pero este tipo de cosas son cortinas de humo para el creyente en Cristo. Pablo no tenía casa. No tenía auto. No tenía un gran armario o un clóset lleno de zapatos. No tenía diplomas en la pared ni menciones adheridas al pecho. No tenía amigos con quienes disfrutar compañerismo todo el tiempo ni una esposa que lo consolara cuando estaba triste.

En general, Pablo viajaba bastante ligero de equipaje. Tenía poca ropa, quizá algunos instrumentos de escritura, unos cuantos rollos de la Biblia, y algo de papel (o papiro) para escribir. No mucho más que eso. Y sin embargo, Pablo estaba contento. Qué lección para ti y para mí.

Entonces sí, Filipenses 4:13 es un versículo muy poderoso, especialmente cuando se entiende y se aplica en forma correcta. Recuerda que puedes estar contento y encontrar fortaleza física para soportarlo todo, porque es Cristo quien te fortalece. Y cuando nos contentamos en confiar en Él, Cristo se glorifica, porque su fortaleza se exhibe.

CAPÍTULO 13

Ojo por ojo

> «Si hubiere muerte, entonces pagarás vida por vida, ojo por ojo, diente por diente, mano por mano, pie por pie, quemadura por quemadura, herida por herida, golpe por golpe».
>
> —Éxodo 21:23-25

UNA DE MIS PELÍCULAS FAVORITAS es la comedia de 1987 *La princesa prometida.* La considero una de las más grandes comedias de todos los tiempos. El elenco de personajes, los dichos ingeniosos, la trama disparatada… todo forma parte de una película magistralmente creada que ha atraído una especie de culto. Admiradores dedicados tienen una manera de encontrarse al azar en público y, por lo general, empiezan citando simplemente una línea de la película. Orejas se paran, una sonrisa aparece y se forma una relación en el alma.

Una trama implica al actor Mandy Patinkin en el papel de Íñigo Montoya, un espadachín español que tiene la misión personal de vengar la muerte de su amado padre. Este era fabricante de espadas quien, cuando Íñigo era un niño pequeño, fue asesinado sin piedad alguna por un hombre con seis dedos en la mano derecha en lo que esencialmente fue un negocio que salió mal.

Cuando el niño se levantó con la espada de su padre para pelear contra el asesino, este se rio del pequeño y le dejó cicatrices en el rostro para advertirle que su valentía no haría nada más que causarle muerte. En consecuencia, Íñigo quedó con cicatrices de por vida, en más de un sentido, y juró que cuando creciera, buscaría vengarse y dedicaría su vida a estudiar esgrima a fin de un día hacer justicia al asesino de su padre.

La búsqueda de Íñigo del «hombre de seis dedos» se convirtió en una misión de toda la vida, y en algún momento decidió que cuando lo encontrara, se dirigiría primero a él con estas palabras ahora famosas que había memorizado claramente: «Hola. Me llamo Íñigo Montoya. Tú mataste a mi padre. Prepárate a morir».

Oímos a Íñigo repetir esta línea vez tras vez, especialmente en la batalla que se produce cuando exitosamente encuentra y enfrenta al asesino. A medida que la pelea arrecia, Íñigo repite su bien preparado saludo formal con todo el placer del que puede hacer acopio hasta que finalmente su sed de venganza es saciada y la batalla concluye, entonces el «hombre de seis dedos» ya no existe.

Cuando la película llega a su fin, Íñigo parece aliviado pero también perplejo. Le dice a su amigo Westley: «¿Sabes? Es muy extraño. He dedicado tanto tiempo a la venganza, que ahora que la he cumplido no sé qué hacer el resto de mi vida».

Qué problema, ¿no crees? Comprendo que se trata simplemente de una película, y se supone que es divertida, pero es lamentable que no esté muy lejos de la vida real. Hay personas hoy día dispuestas a vengarse por injusticias percibidas que han padecido.

Aunque Dios claramente advierte: «Mía es la venganza, yo pagaré» (Deuteronomio 32:35; Romanos 12:19; Hebreos 10:30), a menudo a esto le hacen caso omiso o lo pasan por alto los que tienen venganzas personales, o quienes simplemente no pueden esperar que se haga justicia. Están tentados a tomar las cosas en sus propias manos y, aunque para restringir el mal y dispensar justicia en casos criminales Dios ha establecido claramente autoridades gubernamentales en la tierra (Romanos 13), muchos se niegan a esperar que este proceso se lleve a cabo. Estos terminan siendo algunos de los casos más serios de venganza que a veces aparecen en los periódicos.

Pero incluso en esos casos que no son de interés periodístico, cuando alguien se siente perjudicado o lastimado, a menudo existe la tentación de tomar represalias en alguna forma en vez de decidir perdonar o «dar la otra mejilla», como enseñó Jesús. Y a menudo una cita bíblica que se usa para justificar la toma de represalias se encuentra en lugares como Éxodo 21:24, Levítico 24:20 y Deuteronomio 19:21, que mencionan «ojo por ojo, diente por diente». Se trata de una frase común que se cita de manera selectiva fuera de contexto, y que incluso se malinterpretaba y utilizaba mal en la época de Jesús.

Muchas personas creen que esta frase sirve como licencia para que alguien haga a otro el mismo daño que le hicieron. Por ejemplo, si me golpeas el brazo, yo te golpearé en el brazo, o si me abollas el auto, yo romperé tu parabrisas. Incluso si el daño inicial fue causado por accidente, hay quienes se sienten perfectamente justificados para ajustar cuentas, por así decirlo, y pueden apelar a este versículo.

Pero a fin de entender la verdadera intención de Dios cuando ordenó «ojo por ojo», debemos volver al contexto original, y para nuestros propósitos iremos primero a su aparición inicial en Éxodo 21. Aquí es donde encontramos las leyes que Dios entregó a Moisés como medio de gobernar la nación de Israel tras obtener libertad y liberación del dominio del faraón en Egipto.

Dentro de las páginas de estas leyes, Dios define diferentes delitos y ordena castigos particulares. Sin embargo, como conoce la naturaleza pecadora de los seres humanos, Él también trató de proteger a las personas del castigo excesivo cuando tal justicia debía impartirse. Poniéndolo en términos modernos, Dios estaba preocupado de que el castigo correspondiera al delito.

Por ejemplo, sería un abuso de la justicia que a alguien le dieran veinte años de cárcel por manejar quince kilómetros por sobre el límite de velocidad. Antes que todo, cada uno de nosotros estaría preso. Pero en segundo lugar, el castigo no corresponde a la infracción. Por tanto, a fin de evitar este tipo de injusticia, Dios dejó en claro que el castigo no podría exceder al daño causado, y de ahí la frase *ojo por ojo*.

Nos haría bien mirar el contexto más amplio, porque dentro de este pasaje hay algunos otros detalles interesantes. El texto cae en una sección de leyes relacionadas con la violencia, y el párrafo relevante se encuentra en Éxodo 21:22-25:

> Si algunos riñeren, e hirieren a mujer embarazada, y ésta abortare, pero sin haber muerte, serán penados conforme a lo que les impusiere el marido de la mujer y juzgaren los

> jueces. Mas si hubiere muerte, entonces pagarás vida por vida, ojo por ojo, diente por diente, mano por mano, pie por pie, quemadura por quemadura, herida por herida, golpe por golpe.

Sin duda este es un escenario muy interesante: establecer el castigo apropiado si una mujer embarazada o su bebé resultan lastimados por dos hombres que pelean. Hoy día este es el principio de *lex talionis* (ley del Talión), una frase en latín del siglo XVI que básicamente establece las leyes para represalias.

Pero en esta ley dada a Moisés, dependiendo de las circunstancias, parece claro que la pena de muerte no se descartaba en casos en que la pelea fuera lo bastante seria para causar la muerte sea de la mujer o de su hijo.[16] Es interesante que la Biblia atribuya condición de persona al niño no nacido que fue obligado a nacer de modo prematuro, lo cual debería enseñarnos que cualquier bebé en gestación tienc igual valor comparado con la vida de un adulto.

Cuando llegamos al Nuevo Testamento, Jesús enfoca este principio y afirma su legitimidad como medio para limitar el castigo, pero también le preocupaba el similar uso indebido de este versículo que hoy día sigue dándosele. Este nunca pretendió ser un supuesto texto de prueba para legitimar la venganza personal dentro de las relaciones interpersonales. Este versículo se destinó principalmente a guiar a los jueces y los tribunales.

---

16. Cabe señalar que en la Biblia de estudio en inglés *ESV Study Bible*, las notas del comentario indican que Dios «distingue entre muerte por homicidio deliberado y muerte por negligencia» (ver Éxodo 21:12-14, 28-32), p. 178. Por tanto, a menudo se imponían diferentes castigos dependiendo de las circunstancias.

En un esfuerzo por corregir el mal uso del versículo, Jesús establece una forma nueva y significativa de pensar relacionada con cualquiera que esté tentado a utilizarlo como fundamento para venganza personal:

> Oísteis que fue dicho: Ojo por ojo, y diente por diente. Pero yo os digo: No resistáis al que es malo; antes, a cualquiera que te hiera en la mejilla derecha, vuélvele también la otra; y al que quiera ponerte a pleito y quitarte la túnica, déjale también la capa; y a cualquiera que te obligue a llevar carga por una milla, ve con él dos. Al que te pida, dale; y al que quiera tomar de ti prestado, no se lo rehúses (Mateo 5:38-42).

En esencia, Jesús está animando a la parte ofendida a retroceder cuando sea objeto de injusticia, e incluso sugiere que debe renunciar a su «derecho» de resistir o defenderse si recibe una ofensa. En otras palabras, debemos dejar la justicia a los tribunales y, en el contexto de la relación personal, estar dispuestos a perdonar y dar la otra mejilla. Es más, Jesús está sugiriendo que incluso ante el agravio, una persona debería tratar de responder con generosidad piadosa y benevolente: «Al que quiera... quitarte la túnica, déjale también la capa».

Entonces, si alguien te ofende, no solo no debes ofenderlo, sino que debes tratar de reaccionar con bondad poco característica. Tal es la manera de amar que debería ser peculiar en los que siguen a Cristo. Proceder así no es nada menos que imitar al Salvador, quien nos amó «siendo aún pecadores» (Romanos 5:8).

El apóstol Pablo capituló y resumió aún más esta enseñanza de Cristo cuando dio instrucciones a la iglesia en Roma en forma similar:

> No os venguéis vosotros mismos, amados míos, sino dejad lugar a la ira de Dios; porque escrito está: Mía es la venganza, yo pagaré, dice el Señor. Así que, si tu enemigo tuviere hambre, dale de comer; si tuviere sed, dale de beber; pues haciendo esto, ascuas de fuego amontonarás sobre su cabeza. No seas vencido de lo malo, sino vence con el bien el mal (Romanos 12:19-21).

Entonces, esto correctamente arroja luz sobre la enseñanza bíblica relacionada con vengarse. Como cristianos, cada vez que seamos perjudicados debemos permitir que los tribunales hagan su trabajo, y en relación con los aspectos personales de este asunto debemos tratar de responder de manera cristiana.

CAPÍTULO 14

La oración de fe

«La oración de fe salvará al enfermo».

—Santiago 5:15

Era el otoño de 1993, y yo había entrado a mi primer año de seminario. Me acababa de graduar de la universidad y me invitaron a servir en el equipo pastoral de una emocionante y nueva iglesia plantada en el próspero campus de una universidad privada de artes liberales. Esta época de mi vida fue emocionante, llena de crecimiento espiritual, retos y promesas.

Mi fe hasta este momento nunca había enfrentado ninguna prueba importante. Para ser justos, hubo las «mini-crisis» ocasionales en el camino, pero había pasado mi vida relativamente indemne. Eso estaba a punto de cambiar.

Durante las vacaciones de otoño en el seminario regresé a la hacienda familiar en Indiana para celebrar mi cumpleaños con mi padre, ya que nuestros cumpleaños eran muy cercanos: el mío el 19 de octubre y el suyo el 20 de octubre.

Siempre había algo especial en cuanto a poder celebrar mi cumpleaños con papá (e irónicamente, mi hijo menor también nació el 19 de octubre).

En ese momento, papá había estado batallando físicamente. Siete años antes había sufrido un ataque cardíaco masivo, sometiéndose a una cirugía de *bypass* cuádruple, la cual le había dejado el corazón relativamente débil. Los años siguientes fueron difíciles para él, y se convirtió en candidato para un trasplante de corazón. Por tanto, cuando volví a casa de visita ese otoño había un espíritu de urgencia y optimismo en el aire por la posibilidad de que papá pudiera recibir un nuevo corazón en cualquier momento.

Al ser un hombre de fe, mi padre era consciente de que no debía enfrentar solo la incertidumbre que estaba frente a él. Profundamente quería experimentar la presencia de Dios, y a menudo oraba pidiendo bendición y curación en su vida. También anhelaba las oraciones de otras personas. Por eso, mientras me hallaba en casa, papá decidió pedir al liderazgo de nuestra pequeña iglesia rural que fuera a nuestra casa para orar por él y ungirlo con aceite, según la costumbre de la iglesia primitiva en Santiago 5:13-16:

> ¿Está alguno entre vosotros afligido? Haga oración. ¿Está alguno alegre? Cante alabanzas. ¿Está alguno enfermo entre vosotros? Llame a los ancianos de la iglesia, y oren por él, ungiéndole con aceite en el nombre del Señor. Y la oración de fe salvará al enfermo, y el Señor lo levantará; y si hubiere cometido pecados, le serán perdonados. Confesaos vuestras ofensas unos a otros, y orad unos por otros, para que seáis sanados. La oración eficaz del justo puede mucho.

Parece sencillo, ¿verdad? Papá enfrentaba un futuro incierto y quería que Dios lo fortaleciera espiritualmente y quizá, si era la voluntad divina, lo sanara físicamente. Así que aplicar este versículo a su situación era lo más lógico para él.

No pasó mucho tiempo antes que Charles Balsbaugh, un señor mayor y piadoso de nuestra iglesia estacionara su camión de cereales en la entrada de nuestra casa. Sin embargo, quedé perplejo cuando nadie más llegó. *¿No dice el texto ancianos (plural)?*

Para mi sorpresa, mi padre tenía en mente afirmarme en forma inesperada. Se volvió a Charles y dijo: «Charles, me gustaría que mi propio hijo me ungiera, ya que ahora es pastor, si te parece bien».

Al instante se me aceleró el corazón porque esta sería la primera vez que haría esto desde que asumiera recientemente el papel de pastor. Lo había visto antes, así que sabía qué hacer. Pero nunca me habría imaginado ungir a mi propio padre. Fue un privilegio incalculable, y me hallaba un poco nervioso. No obstante, encontramos un poco de aceite de oliva en la cocina, agarré mi Biblia y mi padre se sentó en una silla en la sala mientras yo leía el pasaje directamente de la carta de Santiago.

Cuando me paré al frente y leí, pude verle sus ojos mirándome. En muchas maneras sentí como si papá estuviera comunicando implícitamente su aprobación en mi vida y mi sentido de vocación al pedirme que hiciera esto. Después de un tiempo de confesión, agarré un poco de aceite y le ungí la frente. En ese momento, Charles y yo pusimos nuestras manos en sus hombros y oramos por fortaleza espiritual para papá y su posible sanidad.

Tres días después, mi padre murió.

Cuando volví al seminario dos días después de orar por él, todo parecía bien. Sin embargo, el sábado por la mañana el corazón de papá de pronto se salió de ritmo. Lo llevaron en ambulancia al hospital más cercano y lo entraron a toda prisa en la sala de emergencias. Pero después de trabajar en él, según parece el corazón se le detuvo; estaba demasiado débil para volver a latir. Tenía cincuenta y cuatro años.

No podía creerlo cuando recibí la llamada en que me indicaban que papá había fallecido. Se veía muy bien cuando estuve en casa. Tuvimos juntos un tiempo maravilloso y esperábamos ansiosamente la posibilidad de un trasplante de corazón. Además, lo habíamos ungido y oramos porque Dios trajera sanidad a su cuerpo. *¿Cómo podía ser esto? ¿Qué hicimos mal?*

Finalmente esto me llevó a cuestionar la enseñanza de Santiago 5. Sabía que mi padre había sido promovido a la gloria (y, en ese sentido, yo no quería que volviera), pero ¿por qué el Señor no lo sanó conforme a lo prometido? ¿Estaba yo malinterpretando el pasaje? Habíamos orado con fe. Habíamos seguido las Escrituras. ¿Por qué Dios lo quitó de nosotros solo unos días después? Esta no solo fue una crisis familiar; para mí también fue una crisis de fe.

En medio de mi conmoción, incredulidad y dolor comencé a buscar respuestas. Estudié las Escrituras. Leí. Oré. Hablé con líderes cristianos de confianza. Todo el asunto de cómo la fe, la oración y la sanidad divina se relacionan entre sí se convirtió en la inquietud central de mi vida. Y he aquí lo que descubrí.

Para empezar, primero debemos reconocer que es esencial la fe en Cristo (para todos los aspectos de la vida cristiana). El escritor de Hebreos nos dice que sin fe es imposible agradar a Dios (11:6). Jesús decidió limitar su ministerio de sanidad cuando ministró en su pueblo natal de Nazaret debido a la incredulidad persistente (Mateo 13:58), y por tanto, la Biblia destaca el papel de la fe como un elemento importante en la sanidad.

Segundo, la Biblia también destaca claramente la importancia de la oración. Es más, describe momentos en que no llegó a producirse sanidad debido a la falta de oración constante y dependiente. Los discípulos aprendieron esta lección del mismo Jesús (Mateo 17:14-21). En un sentido más genérico, Santiago deja en claro que hay ocasiones en que no recibimos cosas de Dios simplemente porque no las pedimos (Santiago 4:2).

Por tanto, como Santiago dice acertadamente en nuestro texto, Dios busca «oración de fe» (5:15). Y no debemos restringir esto solo a nuestra búsqueda de renovación espiritual o curación física; este debería ser el patrón de toda la vida cristiana. El creyente está llamado a caminar por fe (2 Corintios 5:7) mientras que, al mismo tiempo, permanece en una actitud continua de oración constante y dependiente (1 Tesalonicenses 5:17).

¿Cómo entonces se aplica todo esto a Santiago 5:13-16? ¿No parece el texto sugerir que si llamamos a los ancianos de la iglesia para orar por nosotros y ungirnos con aceite, tenemos una garantía de que la persona enferma sanará? Sin duda se justifica una mirada más de cerca.

En primer lugar, empecemos con el papel de los ancianos. Como pastores espirituales de la iglesia, están a cargo de atender las necesidades del rebaño. Por tanto, es correcto que acudan en la ayuda de alguien que la necesite. Esto de ninguna manera excluye que otros creyentes se unan para ayudar en asuntos espirituales y físicos, pero aquí Santiago dice específicamente que llamen a los ancianos, los pastores... los apacentadores.

¿Por qué? Porque se supone que uno quiere que ore alguien que sea espiritualmente sabio, maduro, con conocimiento de las Escrituras y que conozca los caminos de Dios. Todos estos son factores clave en saber cómo orar correctamente en esta clase de circunstancias. Además, estos pastores deben estar bien versados en la oración y ser capaces de manejar información delicada y situaciones difíciles, todo lo cual constituyen dinámicas bastante comunes en momentos como este.

Segundo, notemos que orar no es el único deber de los ancianos, sino que Santiago también les atribuye el papel de ungir (o frotar) con aceite a la persona enferma en el nombre del Señor. Curiosamente, el aceite de oliva se usaba en tiempos bíblicos con propósitos medicinales como forma de proteger y acondicionar la piel (ver la historia del buen samaritano en Lucas 10).

Pero Santiago no está diciendo a los ancianos que vayan a orar y que presten atención médica. La Biblia muestra otro propósito para el uso de aceite como manera simbólica de apartar una persona o consagrar alguien para Dios. Se ungía a los reyes y se ordenaban sacerdotes con aceite de la unción para comunicar que la persona estaba comprometida y separada para Dios, es decir, para propósitos divinos.

Por tanto, cuando los ancianos oraban y ungían a un enfermo, en cierto sentido estaban diciendo que esta persona era apartada para una atención especial de parte de Dios mientras oraban por ella.

Acompañada por un tiempo de confesión, la unción con aceite comunica simbólicamente que este es un momento en que el que está débil o enfermo es consagrado al Señor y está renovando su compromiso de poner toda su confianza en Él. En esencia, el enfermo estaría diciendo: «Dios, te pertenezco. Mi vida es tuya. Mi cuerpo y mi alma son tuyos, y en oración pedimos fortaleza y sanidad».

Notemos que todo esto se hace con *fe* y *en el nombre del Señor*. La frase *en el nombre del Señor* conlleva serias implicaciones. En primer lugar, reconoce que Jesucristo es el Señor soberano de todo lo creado y que su voluntad y sus propósitos serán muy superiores a los nuestros. Segundo, reconoce que llegamos a Él en oración no con base en nuestros méritos propios, sino debido a quién es Él y a lo que ha hecho por nosotros. Por último, Jesús enseñó en Juan 14:13 que pedir en su nombre siempre estará directamente vinculado con dar gloria a Dios.

Entonces, si unimos todo esto, orar en el nombre del Señor es reconocer que Él es soberano en el asunto, y que responderá nuestras oraciones en maneras que le traigan la mayor gloria. Él podría decidir curar o no a alguien en esta vida, y en algunos casos esto tal vez no tenga nada que ver con la cantidad de fe y de oración que se estén ejerciendo por parte del creyente.

Incluso alguien con fe madura y espiritualmente rica que ora con firmeza no tiene el poder de usurpar la voluntad soberana de Dios en cuanto a sanar o llevar a un cristiano a su casa celestial (y como Pablo dice acertadamente en Filipenses 1:23, esto último es mucho mejor).

Por ejemplo, Pablo le suplicó a Dios en 2 Corintios 12 que le quitara un «aguijón» en la carne que se había convertido en una molestia para su ministerio. (Aunque no sabemos con seguridad qué era este «aguijón», sospecho que pudo haber sido un problema de la vista). Sin embargo, este gran apóstol le rogó a Dios que lo aliviara de esta dificultad, pero el Señor básicamente declaró: «No, Pablo, mi gracia es suficiente para ti. Mi poder se perfecciona y se muestra en medio de tu debilidad».

Bueno, sabemos que tener mucha fe es mejor que tener poca fe, pero tengamos cuidado con decirle a alguien que su ser amado sigue enfermo o que pudo haber muerto porque no tuvo suficiente fe para hacer que la curación ocurriera. No tenemos la perspectiva de Dios al respecto, y además, ¿cómo ayudaría eso durante el tiempo de aflicción de alguien? Me parece algo muy insensible.

Hay ocasiones en que no es la voluntad de Dios curar físicamente en ciertas situaciones, y en tales ocasiones tenemos que confiar en Él y en su bondad mientras confiamos en que la suficiencia de su gracia nos sostenga. El factor decisivo es si nuestra petición está o no de acuerdo con la voluntad de Dios (ver 1 Juan 5:14-15).

Pero aquí surge naturalmente la pregunta. Si Dios es soberano y su voluntad se va a hacer de todos modos, ¿por qué orar? Simple. Porque Dios dijo que debemos hacerlo. Y a veces los medios que Dios utiliza para desatar su gracia y poder sanador se encuentran en el contexto de nuestras oraciones. El testimonio constante de la Biblia es que la oración es determinante. Santiago 5:16 afirma: «La oración del justo es poderosa y eficaz» (NVI).

Entonces, en su soberanía Dios de alguna forma toma en consideración y entreteje en su plan la idea de que estamos orando con fe porque se haga su voluntad. La oración importa, y cuando Él decide curar (como creo que aún hace hoy día), a menudo es en respuesta a la oración persistente llena de fe.

Pues bien, alguien aún podría preguntar: «Comprendo todo eso sobre soberanía, voluntad y gracia suficiente de Dios; aun así, ¿no garantiza Santiago la curación?». Bueno, sí, pero *¿qué tipo de curación* está garantizada? Miremos más de cerca el texto.

Para ser justos, no creo que podamos descartar la posibilidad de sanidad física que se ve aquí, especialmente ya que Santiago usa la imagen de la práctica medicinal de ungir con aceite junto con la imagen de alguien a quien «el Señor levantará» (presumiblemente de estar tendido en una posición horizontal, como en una cama). Pero aunque aquí se trate de sanidad física, sabemos que esta se encuentra condicionada a todo lo que hemos dicho hasta ahora. (Y aunque oramos y ungimos a mi padre, el Señor decidió llevarlo a casa).

Por tanto, la interpretación más probable de lo que Santiago está prometiendo aquí es nada menos que una *restauración y curación espiritual*. Hay dos palabras griegas diferentes que Santiago utiliza en el texto y que se traducen *enfermo*. Al buscar en otras partes del Nuevo Testamento, estas palabras también pueden comunicar la idea de alguien emocionalmente agotado o espiritualmente débil debido a persecución o sufrimiento.

Esto encajaría bien en el contexto de la carta de Santiago. El entorno inmediato también sugiere que Santiago tiene en mente más aspectos espirituales que físicos. Esto se debe al hecho de que habla de la confesión del pecado y del perdón posterior que seguramente sigue.

Tan pronto como Santiago menciona la oración de fe que curará al enfermo, manifiesta: «Y si hubiere cometido pecados, le serán perdonados» (5:15). No hay duda entonces de que estamos hablando de una promesa de restauración y sanidad espiritual que viene como resultado de la confesión y la oración de fe. Por eso es que Santiago continúa:

> Confesaos vuestras ofensas unos a otros, y orad unos por otros, para que seáis sanados (Santiago 5:16).

Por tanto, la única clase de curación que está absolutamente garantizada en esta vida es la sanidad y restauración espirituales que vienen como resultado del arrepentimiento y la fe. Dios promete restaurarnos espiritualmente y darnos plenitud otra vez. El pecado ha actuado como un obstáculo, e incluso pudo haber hecho que estemos físicamente débiles (ver 1 Corintios 11:29-30). Pero la sanidad espiritual viene a quienes confiesan su pecado y se arrepienten.

Así lo declaró Pedro en su sermón en el libro de Hechos: «Para que sean borrados sus pecados, arrepiéntanse y vuélvanse a Dios, a fin de que vengan tiempos de descanso de parte del Señor» (Hechos 3:19, NVI).

Así que, aunque la curación física no está garantizada en esta vida, la sanidad y la restauración espirituales *están* garantizadas para los que se arrepienten de sus pecados y buscan al Señor con fe. Él es quien «levantará» al enfermo para que espiritualmente pueda ser restaurado y sentirse pleno otra vez. Ahora, para ser justos, en realidad Dios puede decidir curar físicamente a alguien que ora con fe pidiendo curación, pero como ya observamos, eso sería contestado de acuerdo con la voluntad soberana de Dios. Y aunque Él decidiera hacer eso, sabemos que nuestra sanidad física definitiva tendrá que esperar por la vida que heredaremos en la era venidera.

Extraño a papá. No hay duda al respecto. Como puedes imaginar, nunca olvidaré el día que oré y lo ungí. Y a pesar de que me hallaba al lado de él, en muchas formas me siento como si él estuviera a mi lado, afirmándome con su amor. Me consuelo en el hecho de que en los días anteriores a su muerte disfrutó una verdadera sensación de renovación y restauración espiritual que vino de confesar sus pecados y poner en práctica Santiago 5. Él fue curado de veras, en la manera que más importa.

CAPÍTULO 15

Arrepiéntanse, y bautícense

«Arrepiéntanse, y bautícense todos ustedes en el nombre de Jesucristo, para que sus pecados les sean perdonados. Entonces recibirán el don del Espíritu Santo».

—Hechos 2:38, RVC

Estrés instantáneo. Así es como me siento cuando entro a la línea de servicio al auto de un restaurante con un automóvil lleno de gente. Cuatro pedidos diferentes, tiempo necesario para ver el menú y una persona al otro lado del altavoz preguntándome después de cada artículo: «¿Completa eso su pedido?». Añade a eso la fila detrás de mí de autos llenos de gente cansada de esperar, y no me va tan bien como estaba solo cinco minutos antes.

Luego está lo que me desconcierta. La voz de la persona que me dio la bienvenida la primera vez no es la misma voz de quien toma mi pedido. Además, no estoy seguro de por qué un café helado cuesta más que una taza caliente de café con algo de hielo por separado (que por lo general es gratis).

Luego está el argumento de ventas, las añadiduras: «¿Le gustaría papas fritas extra con su pedido por solo noventa y nueve centavos?». Sé que ellos lo tienen que preguntar, y solo tengo que contestar: *No, gracias*, pero preferiría no tener que enfrentar la tentación de gastar más dinero. Esto me recuerda los sentimientos que me invaden siempre que paso por el lugar de cambio de aceite y lavado del auto, y alguien sale a verme con mi filtro de aire manchando sus manos. *¿Necesito de veras uno nuevo, o este es simplemente un modo de sacarme dinero?*

Hoy día la estrategia comercial de las «añadiduras» ha alcanzado nuevos niveles de creatividad a fin de hacernos comprar más de lo que necesitamos. Hace poco oí un anuncio radial que declaraba: «Recuerda, mientras más gastas, más ahorras», lo cual parece más que un poco engañoso. Pero así es como muchas empresas ganan su dinero, y muchas personas son tan ingenuas que muerden el anzuelo.

Sin embargo, cuando de fe y doctrina se trata, deberíamos ser muy cuidadosos con las añadiduras. Tal es el caso con otro pasaje bíblico comúnmente malinterpretado y mal utilizado que se encuentra en el libro de Hechos. El malentendido de este versículo ha llevado a una línea de enseñanza falsa que, en última instancia, es muy peligrosa porque hace que nuestra salvación dependa de obras humanas (en este caso, el bautismo). Pero esto no es lo que el pasaje enseña.

El texto en cuestión es Hechos 2:38, donde Pedro está predicando su primer sermón evangelístico después que el Espíritu Santo se derramara en Pentecostés. Lleno del Espíritu, el poderoso sermón de Pedro produce profunda convicción en los judíos que «se compungieron de corazón» al darse cuenta de que eran responsables del asesinato de su Mesías elegido.

En medio de culpa y vergüenza, les suplicaron a Pedro y los discípulos que les dijeran qué debían hacer. Pedro responde con autoridad:

> Arrepiéntanse, y bautícense todos ustedes en el nombre de Jesucristo, para que sus pecados les sean perdonados. Entonces recibirán el don del Espíritu Santo (Hechos 2:38, RVC).

La correcta interpretación y aplicación de este pasaje es que Pedro les pide mostrar un cambio de corazón, renunciando y abandonando por completo el pecado (arrepentimiento), mientras al mismo tiempo se vuelven *a* Cristo con fe (lo último está implícito). Bíblicamente hablando, esto equivale a expresar fe salvadora en Jesucristo para perdón de pecados. Se trata de un acto completo y simultáneo (dos caras de la misma moneda), que el apóstol Pablo confirmó más tarde cuando expresó que su ministerio del evangelio era:

> A judíos y a griegos les he instado a convertirse a Dios y a creer en nuestro Señor Jesús (Hechos 20:21, NVI).

Tanto el arrepentimiento como la fe son regalos de Dios (Hechos 5:31; 2 Timoteo 2:25; Efesios 2:8-9), que el pecador creyente ejerce en respuesta al mensaje del evangelio. Esto es lo que quienes creen en la Biblia llaman el momento de la conversión, en que Dios concede nueva vida espiritual a un corazón muerto (Efesios 2:1), o como dijera Jesús, ese instante en que alguien nace «de nuevo» (Juan 3:3).

Esta es una asombrosa obra soberana de Dios (Juan 1:13),

y es en este momento que se llega a ser «nueva criatura» (2 Corintios 5:17), porque el Espíritu Santo nos trae nueva vida (Juan 3:6; 6:63), nos lava y renueva (Tito 3:5), y viene a morar permanentemente en nosotros (2 Corintios 1:22; Efesios 1:13-14). Por tanto, según Pedro afirma, no solo recibimos perdón del pecado sino que recibimos el regalo del Espíritu Santo mismo... dos promesas maravillosas.

Como una forma de declarar arrepentimiento (y fe) públicamente en sentido determinante, Pedro también incluyó la orden de bautizarse (un símbolo externo de la limpieza interna hecha por Dios). Este habría sido un poderoso símbolo visible de lo sincero del arrepentimiento, y representaría vívidamente la limpieza espiritual que se realiza cuando el Espíritu nos lava del pecado (Tito 3:5). Este es un acto posterior que no tiene poder salvador en sí, porque somos salvos solo por fe, para que nadie se gloríe (Efesios 2:8-9).

Pero aquí es donde ha tenido lugar un malentendido a gran escala que ha resultado en que este pasaje se utilice mal para apoyar una falsa línea de enseñanza. Muchos que leen esto llegan erróneamente a la conclusión de que el bautismo es una condición necesaria para la salvación, ya que Pedro declaró: «Arrepiéntanse, y bautícense... para que sus pecados les sean perdonados». Pero incluir el bautismo como condición necesaria para la salvación sería oponer esta interpretación contra toda la enseñanza del Nuevo Testamento, en que las Escrituras instruyen claramente que somos salvos solo por fe (Juan 1:12; Gálatas 2:16; Efesios 2:8-9; Filipenses 3:9). Esto no puede ser, porque la Biblia no se contradice.

Además, si el bautismo fuera necesario para salvación, el ladrón en la cruz no fue realmente salvo (ya que no tuvo tiempo de ser bautizado antes de su muerte), y Jesús sería un mentiroso, ya que le prometió que ese mismo día estaría con Él en el paraíso (Lucas 23:43).

Durante el resto del libro de Hechos, el perdón está relacionado con el arrepentimiento y la fe (Hechos 5:31; 10:43; 13:38-39). Pedro ordenó más tarde: «Arrepentíos y convertíos, para que sean borrados vuestros pecados» (Hechos 3:19), y dijo esto sin ninguna mención al bautismo. Además, cuando el carcelero filipense preguntó a Pablo qué debía hacer para ser salvo, Pablo simplemente declaró: «Cree en el Señor Jesucristo, y serás salvo» (Hechos 16:31), y aquí es donde el mandato concluyó. El bautismo entonces tuvo lugar solo como un testimonio de conversión genuina y de la limpieza que el carcelero había recibido, y seguirlo fue un acto de obediencia a las enseñanzas de Cristo (Mateo 28:19).

Pero quizá lo más revelador es el relato de la conversión de Cornelio, el primer gentil convertido que llegó a la fe bajo la predicación de Pedro. En Hechos 10, Pedro le predica el evangelio a Cornelio, quien creyó y fue salvo (con la recepción del Espíritu Santo como evidencia). Fue solo después que este acontecimiento tuviera lugar que Pedro preguntó:

> ¿Puede acaso alguno impedir el agua, para que no sean bautizados estos que han recibido el Espíritu Santo también como nosotros? Y mandó bautizarles en el nombre del Señor Jesús. Entonces le rogaron que se quedase por algunos días (Hechos 10:47-48).

Por tanto, el bautismo no es *el medio* de salvación sino que más bien se vincula íntimamente como *símbolo posterior*. Incluso Pedro diría más adelante en una de sus cartas que no es el acto externo del bautismo lo que salva, sino la fe salvadora en Jesucristo, la clase de fe que limpia la conciencia.

Y el lavado y la limpieza interna de nuestros corazones (que incluye nuestra conciencia) es lo que el bautismo simboliza y representa (1 Pedro 3:21).

Entonces, cuidado con las añadiduras o la idea de que debemos añadir a la salvación algo además de la fe. Esto no es bíblico. Somos salvos por gracia solo por medio de la fe.[17] En la carta a los gálatas, los falsos maestros querían añadir la circuncisión como complemento necesario para la fe salvadora, y esto enfureció a Pablo, quien preguntó a los gálatas: «¿Tan necios sois? ¿Habiendo comenzado por el Espíritu, ahora vais a acabar por la carne?» (Gálatas 3:3).

En otras palabras, ¿por qué creen que la obra del Espíritu Santo en la salvación no es suficientemente buena, por lo cual consideran necesario «agregar» algo más (como una ley del Antiguo Testamento) a fin de ganar el favor de Dios en la salvación?

El principio que una vez más surge en este ejemplo de un versículo mal interpretado (Hechos 2:38) es que siempre es importante permitir que la Biblia interprete a la Biblia. En este caso nos enseña que una lectura superficial de un texto tal vez no nos dé el significado que creemos que tiene, si no puede corroborarse en otra parte de la Biblia. Esto debería levantar una bandera roja de precaución para nosotros.

Recuerda, a diferencia de la voz en la línea del autoservicio, la voz que habla en las páginas de las Escrituras es la misma voz que habla desde el principio hasta el fin. Es la voz

17. Si bien es cierto que somos salvos por gracia mediante la sola fe, esto no significa que las obras no tengan sentido, porque es necesario que las buenas obras sigan como evidencia de que existe fe salvadora. Martín Lutero dijo con razón: «Somos justificados solo por la fe, pero no por una fe que esté sola».

del Espíritu Santo, quien siempre es coherente. Y cuando de salvación se trata, no hay añadiduras. ¡Gracias a Dios! Para empezar, es menos estresante de esa manera.

CAPÍTULO 16

Guarda tu corazón

«Sobre toda cosa guardada, guarda tu corazón; porque de él mana la vida».

—Proverbios 4:23

Me pregunto si tienes algún amigo que tiende a alejarse de relaciones cada vez que alguien se vuelve demasiado personal o cercano. ¿Viene alguien a la mente? Puedo pensar en muchas personas, y voy a suponer que tú también. En realidad, es posible que esté describiéndote. Seamos sinceros. Por diversas razones, a algunas personas les resulta difícil abrirse y hablar de sus pensamientos y sentimientos internos sobre la vida, experiencias, relaciones, etc.

En algunas culturas la vulnerabilidad emocional puede percibirse como señal de debilidad, y por eso se prefiere o se valora un enfoque más estoico o intelectual de la vida. Si has viajado por el mundo o alguna vez has vivido en una sociedad étnica muy diversa, rápidamente te das cuenta de que a algunos grupos de personas no les gusta hablar de sus sentimientos más íntimos. Para utilizar una expresión común, les gusta sostener las cartas cerca del pecho.

Sin embargo, para ser justos, esto puede ser más que un simple fenómeno cultural. Hay muchas personas que se criaron en familias en que simplemente no se hablaba de asuntos del corazón. Otras incluso han resultado heridas por una relación enfermiza, lo que les ha hecho retroceder y abstenerse de intimar emocionalmente.

En cualquier caso, por naturaleza algunas personas se sienten avergonzadas o amenazadas para abrir sus vidas y corazones a otras, y pueden esconderse tras profesiones, eventos y actividades. Detrás de su ajetreo hay una soledad que corre dentro de sus venas, aunque serían los últimos en admitirlo.

Es en este contexto que a veces oímos un proverbio a menudo mal utilizado para justificar una forma muy distante de actuar:

> Sobre toda cosa guardada, guarda tu corazón; porque de él mana la vida (Proverbios 4:23).

La pregunta natural es: ¿qué quiso decir el escritor de Proverbios cuando afirmó que debemos guardar nuestros corazones? ¿Estaba hablando de los peligros potenciales del amor romántico? ¿Estaba desanimando alguna clase de vulnerabilidad emocional?

Para empezar, el libro de Proverbios es una obra de sabiduría, una colección de dichos que dan instrucciones sobre cómo llevar una vida que huye del mal y honra a Dios. A menudo estos dichos se originan en experiencias del autor, y según ya se mencionó, deben verse como principios generales de vida en lugar de promesas garantizadas. Representan verdades que, cuando se siguen, no solo son útiles para guiar nuestras acciones sino que sirven como instrucciones sanas para desarrollar el carácter. Son las semillas de enseñanza sana que, al regarlas y aplicarlas, ayudan a hacernos crecer y desarrollarnos como personas maduras y piadosas.

Con esto en mente, es importante comprender que, en los primeros nueve capítulos de libro de Proverbios, el autor asume el papel de un padre que habla con su hijo, instruyéndolo en los beneficios de la sabiduría y el conocimiento que se viven en temor reverencial del Señor. Esta sabiduría encuentra sus raíces en una relación con Dios. En esta manera lo que se transmite dentro de estos proverbios es más que solo «conocimiento guía». Más bien, la enseñanza sirve como base para una vida obediente que está comprometida en adorar a Dios.

Es dentro de este contexto que encontramos la instrucción del «padre» para el «hijo» a fin de que este evite la senda de la maldad. No se trata de un camino que debamos recorrer, porque es un sendero peligroso de sombras que nos hará tropezar y caer. Sin embargo, la senda de larga vida, seguridad y bienestar se encuentra cuando adoptamos las enseñanzas y los dichos del padre sabio, cuyo consejo proporciona protección y bendición para quien presta atención a sus palabras.

Aquí es donde nuestro pasaje encuentra su contexto. Se le aconseja al joven hijo que preste mucha atención a las palabras del padre, para que sus pasos estén bien establecidos y sean firmes a fin de evitar el mal. El padre utiliza las partes del cuerpo como ilustración de sus puntos, y luego instruye al hijo para que proteja y guarde su corazón, aparte de sus labios de las palabras torcidas y perversas, fije la mirada al frente con el fin de evitar distracciones y reflexione por dónde caminar para que sus pasos estén bien establecidos y sean firmes.

En la literatura judía la palabra para *corazón* es un término que abarca todo lo que incluye la mente, las emociones y la voluntad. Es el centro del ser y la fuente de donde provienen todas las acciones, o como el proverbio acertadamente lo llama: «de él mana la vida». En otras palabras, las acciones encuentran primero sus orígenes en las profundidades del corazón. Incluso Jesús afirmó en Mateo 12:34 que «de la abundancia del corazón habla la boca».

Por tanto, «guarda[r] tu corazón» es proteger nuestra vida de influencias malsanas que fácilmente pueden corromper nuestro carácter. Aplicado a nuestro mundo moderno, esto podría incluir aspectos como pornografía, juegos de azar o abuso del alcohol. Incluso deberíamos prestar atención especial a los círculos de amistad en que nos encontremos, porque como el apóstol Pablo declara en 1 Corintios 15:33: «las malas compañías corrompen las buenas costumbres» (RVC).

En el libro de Proverbios, el autor hace grandes esfuerzos por advertir a su hijo de los peligros de la promiscuidad sexual y el adulterio, que destruyen el carácter y arruinan la vida, porque el ser humano puede hallar gozo y satisfacción solo en los pastos seguros de la fidelidad matrimonial. La pasión sexual es buena, mientras se mantenga en su contexto apropiado, porque una vez que el fuego sale de la chimenea (su lugar adecuado), no hace más que quemar todo lo que toca.

Entonces, este pasaje no tiene nada que ver con esconder sentimientos. No debemos utilizarlo para argumentar que es necesario ser muy cautelosos en implicar emocionalmente a los demás. Más bien es un pasaje que trata con preservar y proteger de la maldad al carácter, lo cual rápidamente puede sacarnos del tipo de vida justa que honra a Dios y trae bendición. Esto podría significar la diferencia entre la vida y la muerte, el éxito y el fracaso.

En el ministerio encuentras toda clase de individuos. Algunos son callados, otros bulliciosos. Algunos son demasiado sensibles, otros un poco duros. Algunos muestran sus emociones en público, y otros son algo reservados. Pero de cualquier modo, todos estamos diseñados para vivir en relaciones. Así es como Dios nos diseñó: para vivir en comunidad, en armonía, en relaciones unos con otros a fin de que podamos amarnos y cuidarnos como miembros del cuerpo de Cristo.

Inevitablemente, las relaciones implican riesgo y, sí, habrá ocasiones en que podríamos salir heridos o quedar desilusionados con ciertas relaciones, pero debemos tener cuidado de no volvernos huraños hasta el punto de no experimentar profunda conexión personal, espiritual y relacional con alguien más.

Además, guardar nuestro corazón no es una excusa válida para distanciarnos de la gente o negarnos a dejar entrar a alguien más en nuestra vida. Como hemos visto, eso ni siquiera es lo que el versículo significa.

Bueno, para ser justos, ciertas clases de personas tienden a estar más en el lado intelectual que en el emocional de las cosas. Y no hay nada malo en eso. Existe gran cantidad de tipos de personalidad que Dios ha creado de manera única. Aun así, nunca deberíamos preocuparnos tanto de las relaciones como de protegernos contra las cosas que nos pervierten en este mundo corrupto. Es en este contexto que siempre debemos tratar de guardar nuestros corazones con la ayuda de Dios.

CAPÍTULO 17

Donde no hay visión

«Donde no hay visión, el pueblo se desenfrena».

—PROVERBIOS 29:18, LBLA

¿POR QUÉ TANTAS BIBLIAS DIFERENTES? Esta pregunta surge a menudo en las mentes de las personas cuando van a una librería a escoger una Biblia nueva. Hay Biblias de trazo fino, de referencia, de estudio, temáticas, etc. Es aquí donde entramos al mundo de filosofías de traducción, aspectos teológicos tomados en notas de estudio, formato, tamaño de impresión, color, cuero, tapa dura, grosor, etc. Lo que se te ocurra, probablemente esté disponible.

Un creyente nuevo se sentirá abrumado al escoger una Biblia sin ayuda de alguien familiarizado con las diferentes traducciones y paráfrasis. Pero hasta para los cristianos de años puede ser terrible la cantidad de opciones bíblicas.

Cuando pienso en la iglesia primitiva y en la cantidad limitada de versiones de las Escrituras a su disposición, no puedo dejar de asombrarme por la verdadera bendición que tenemos con todo este acceso a la Palabra inspirada de Dios. Tenemos acceso instantáneo a ella en la Internet, así como copias completas en nuestros teléfonos inteligentes. Pero aparte de esto, hay otra pregunta excelente que surge de vez en cuando y que merece una respuesta: ¿Por qué es necesario estar siempre actualizando o sacando nuevas traducciones de la Biblia?

Sin duda hay muchas razones diferentes, pero la mejor respuesta es esta: *porque el lenguaje cambia*. Si hay algo que siempre está moviéndose y cambiando, ese es el lenguaje humano.

Te daré un ejemplo. Supongamos que hace diez años me hubiera acercado a ti para preguntarte: «¿Así que tú y tu familia están cambiando en casa el tipo de bombillas para *estar con la moda verde*?». Hace una década eso no habría tenido sentido. «¿De qué estás hablando?».

¿Estar con la moda verde es lo mismo que usar una camiseta de Notre Dame durante un partido de fútbol o pintarte el rostro de verde para el Día de San Patricio? No, hoy día la idea de estar con la moda verde tiene que ver con el uso de productos que no dañan el medio ambiente de modo que limiten el uso de energía, minimicen el desperdicio y fomenten el reciclaje, al mismo tiempo que busquen ahorrar nuestros recursos naturales (tanto como sea posible).

De ahí que la idea de estar con la moda verde es relativamente nueva, y la palabra *verde* en sí tiene un conjunto diferente de connotaciones dependiendo de su contexto. Por esto los diccionarios están actualizándose constantemente. Y en el mismo modo que las palabras pueden tener nuevos significados, también pueden perder o desvincular sus antiguos significados.

Un ejemplo de esto es la palabra *meticuloso*. En el uso moderno, meticuloso se entiende principalmente como cuidadoso, esmerado. Pero hace muchos años la palabra *meticuloso* tenía diferente connotación. Principalmente se usaba para describir a alguien medroso.

Por ejemplo, al observar a su hijo en crecimiento, una esposa podría haberle dicho a su esposo: «Ciertamente es preocupante ver cómo nuestro hijo se ha vuelto meticuloso con los años, ¿no crees?». Por supuesto que ella estaría refiriéndose al comportamiento temeroso del hijo, y no necesariamente a que es cuidadoso o esmerado. Pero así no es como usaríamos hoy la palabra *meticuloso*. Ese uso de alguna manera nos parece arcaico.

Entonces, con todo esto en mente, es comprensible por qué podría ser necesario tener versiones actualizadas de la Biblia debido al hecho de que algunas palabras castellanas podrían haber cambiado o perdido su significado contextual. Es con estos pensamientos en mente que volvemos a otro versículo bíblico muy mal utilizado: Proverbios 29:18.

Aquí hay un caso en que un mal uso y entendimiento de una palabra castellana dentro de algunas versiones de la Biblia ha llevado a muchas personas a malinterpretar y usar mal lo que es realmente un versículo poderoso de las Escrituras. Aunque sigan siendo traducciones confiables, los lectores a menudo tienen dificultad en conceptualizar lo que se está comunicando, a menos que estén familiarizados con el lenguaje anticuado. Primero presentaré Proverbios 29:18 de *La Biblia de las Américas*, y luego explicaré lo que realmente se está diciendo. Así es como se lee la primera parte del versículo:

Donde no hay visión, el pueblo se desenfrena.

Supongo que has oído antes este versículo, y la razón de que tanta gente cite esta y muchas versiones es que es conveniente usar su redacción para apoyar muchas ideas e intenciones modernas. Basado en una lectura superficial del versículo, con el significado que actualmente le damos a «visión», parece estar hablando de *tener una perspectiva para un futuro planificado*. La idea es que si el pueblo no tiene un plan para el éxito en el futuro inmediato, fracasa, o en este caso extremo, «se desenfrena». Sin embargo, esto no es lo que este versículo significa. Pero antes de explicar su significado, hablemos de *visión*.

Esta idea de tener visión se usa ampliamente hoy día en muchos círculos. Por ejemplo, como estadounidenses a menudo elegimos nuestros políticos nacionales para que sirvan en cargos públicos basándonos en la visión que tienen del futuro de la nación.

De forma ligeramente distinta, es frecuente que los líderes de las empresas se sienten a imaginar cómo estará la empresa dentro de cinco, diez o veinte años a partir de ahora. Luego desarrollan una declaración de visión junto con una estrategia y tácticas adjuntas a fin de obtener este futuro anticipado. Incluso cada iglesia moderna en particular habla de tener una visión, de modo que todos sus programas y actividades están enfocados en una serie de objetivos claramente definidos y deseados.

Por eso, cuando encontramos un pasaje de la Biblia que a primera vista parece apoyar la idea de la necesidad de una visión, tenemos la tentación inmediata de tomarlo y utilizarlo. Después de todo, ¿no sería fabuloso encontrar garantía bíblica para este tipo de planificación estratégica visionaria? Sí, podría serlo. Pero la realidad es que todavía hay un problema importante con usar *este* versículo *de esa* manera.

Simple y llanamente, este versículo no está hablando de planificación estratégica futura. Aunque es tentador desviarlo para que apoye esta idea, sería un mal uso de la intención del autor. Lo único que tenemos que hacer es buscar otras traducciones de la Biblia para ver lo que el versículo dice realmente. Es más, comparemos rápidamente otras traducciones de Proverbios 29:18:

> Cuando la gente no acepta la dirección divina, se desenfrena (NTV).
>
> Si Dios no guía la nación, no habrá paz (PDT).
>
> Donde no hay un buen gobernante, el pueblo no sabe qué hacer (TLA).
>
> Sin profecía el pueblo se desenfrena (RVR1960).

Ahora podemos ver claramente que algunas traducciones dan una idea muy diferente de lo que el versículo está diciendo, que la que leemos en versiones que hablan de «visión». Casi parece como si las versiones que mostramos aquí estuvieran citando un versículo distinto, pero no es así. Yo sostendría que estas traducciones proporcionan un sentido mucho mejor de lo que se está comunicando realmente dentro del texto hebreo original, y están más de acuerdo con la traducción de la Reina-Valera («profecía»).

Veamos a la Reina-Valera 1960, que dice así: «Sin profecía el pueblo se desenfrena». Quizá sería aún más útil citar el versículo en todo su contexto:

> Sin profecía el pueblo se desenfrena; mas el que guarda la ley es bienaventurado.

Este versículo está analizando la *profecía* o *dirección divina* (NTV) que nos ha venido del cielo. Se trata de cómo Dios ha decidido hablar a la humanidad por medio de dirección sobrenatural, la revelación que fue dada directamente por Dios a los profetas y apóstoles de la antigüedad que la escribieron para nosotros, lo cual constituye nuestra Biblia actual.

Pero desdichadamente, muchas de las traducciones bíblicas han decidido utilizar la palabra *visión* en lugar de *revelación* o incluso *profecía* para referirse a la comunicación sobrenatural de Dios para su pueblo. Usar la palabra *visión* pudo haber sido antiguamente una traducción apropiada del texto hebreo original de las Escrituras, especialmente ya que Dios se comunicaba con sus profetas por medio de visiones, sueños y oráculos, y el lector de esa época habría entendido que esa *visión* significaba *revelación*.

Pero en nuestra cultura moderna la palabra *visión* tiene muchos más significados. Puede referirse a la vista de una persona. Puede referirse a una experiencia sobrenatural de revelación divina. Y como he dicho, también puede referirse a tener un objetivo estratégico de largo plazo y un plan para un negocio o una empresa.

Aquí es entonces donde las cosas pueden dañarse. El mal uso de Proverbios 29:18 surge cuando tomamos aleatoriamente uno de los usos modernos de la palabra *visión* (como tener un plan comercial) y de forma ilegítima volvemos a importar esa idea al texto bíblico en una manera que es completamente extraña a la intención original del autor. Eso es precisamente lo que ha sucedido con la mala interpretación y el mal uso de este versículo. Se ha desviado y usado mal en un esfuerzo por apoyar la idea moderna de la necesidad de una visión empresarial para una organización (incluso una visión de la iglesia).

Por otra parte, me parece interesante que los traductores de La Biblia de las Américas (LBLA) escogieran la palabra «visión» como primera opción, y pusieran «revelación» en la nota al pie. No puedo evitar preguntarme si, al hacer esto, los eruditos que supervisaron e implementaron esta traducción previeron la confusión común que a menudo rodea este versículo.

¿Qué significa entonces afirmar que sin profecía o *revelación* divina, el pueblo se desenfrena? Permíteme ofrecer una idea concreta y un ejemplo relevante al respecto.

Cuando como cristianos nos dedicamos con regularidad a leer y estudiar la Biblia, el Espíritu Santo usa esa disciplina para edificarnos y fortalecernos en la fe. A medida que nuestras mentes se fortifican con las verdades de la Palabra de Dios, aprendemos a pensar más como Dios. Además, el Espíritu Santo utiliza el poder de la Palabra de Dios para ayudarnos en nuestra victoria sobre el pecado. Salmos 119:11 declara: «En mi corazón he guardado tus dichos, para no pecar contra ti».

Lo que esto significa es que cuando la Palabra de Dios se ha fijado en nuestros corazones, nos posibilita separar el bien del mal y nos permite actuar con moderación cada vez que sintamos la tentación de pecar. Fácilmente podemos decir que la Palabra de Dios tiene un valor protector cuando escuchamos y obedecemos. Nos protege de malos pensamientos y comportamientos, y nos ayuda a moldear nuestros límites morales para llevar una vida que complazca a Dios.

Por otra parte, cuando se le hace caso omiso a la Palabra de Dios, o falta por completo en la vida de alguien, esta capacidad de separar lo bueno de lo malo y de actuar con moderación está limitada o se halla completamente ausente. El individuo está destinado al fracaso y a entrar en patrones de pecado. Y esto es lo que el escritor del proverbio quiso decir cuando declaró: «Sin profecía [revelación profética] el pueblo se desenfrena». Sin embargo, «el que guarda la ley [la Palabra de Dios] es bienaventurado».

Permíteme darte un ejemplo de cómo en nuestra cultura moderna puede aplicarse este proverbio y en esencia parecer verdad. En el libro del Génesis se nos enseña que los seres humanos fueron hechos a imagen de Dios, tanto hombres como mujeres por igual. Esto implica que todos tenemos valor intrínseco y que la vida es sagrada. Por tanto, debemos hacer todo lo posible por cuidarla y protegerla. Pero la pregunta surge de modo natural: ¿cuándo comienza esta vida? ¿En el momento en que nacemos o mucho antes? Gracias a Dios, la Biblia tiene una respuesta clara.

En Salmos 51, el rey David estaba confesando su pecado, y en medio de su confesión hizo algunas declaraciones profundas. Primero admitió que era pecador. Pero más que eso, afirmó que fue pecador desde el momento en que *su madre lo concibió*. Esto es profundamente significativo, porque nos enseña que la vida y la personalidad ciertamente deben comenzar en el momento en que somos concebidos. Al menos así es como David, hablando bajo la inspiración del Espíritu Santo, entendía su vida.

Esto a su vez nos ayuda a separar lo bueno de lo malo y por qué debemos actuar con moderación al tratar el asunto del aborto. Ya que la vida empieza en la concepción, el aborto es malo porque termina una vida que es intrínsecamente sagrada (sin que importe en qué «etapa» se encuentre esa vida). Se trata de una vida creada a la imagen de Dios que solo es diferente de ti y de mí en términos de su ubicación (en el útero) y su etapa de desarrollo. Aparte de eso, es un alma viva.

Por otro lado, para quienes no conocen (o no quieren conocer) la enseñanza de la Biblia respecto a esto, hay pocas razones para tener tales convicciones o actuar con moderación en cuanto al aborto. Esto hace al proverbio esencialmente profético, porque en realidad describe el estado actual de las cosas en una cultura secular que tiene poco respeto por la Palabra de Dios, y que muestra un desinterés creciente en actuar con moderación. Me sorprende cuánto la Biblia todavía habla y describe la naturaleza humana pecadora de hoy, incluso cientos o miles de años después que se escribió.

En conclusión, la Biblia entendida y aplicada correctamente tiene una forma de protegernos, estableciendo nuestra brújula moral y restringiéndonos de patrones pecaminosos. Nos enseña lo correcto y lo incorrecto, y nos ayuda a discernir en nuestra intención de agradar a Dios en todo. Realmente bienaventurado es aquel que cree, guarda y sigue la ley de Dios. ¡Quienes hacen esto experimentan vida!

Y en lo que se refiere a la buena planificación comercial y al desarrollo de una visión empresarial, es algo noble de hacer, pero no puede ordenarse o apelarse con base en Proverbios 29:18. Debemos tener cuidado de no leer nuestros propios planes dentro de un texto que no fue diseñado para los fines que tanto ansiamos utilizar.

CAPÍTULO 18

Levantar el nombre de Jesús

«Yo, si fuere levantado de la tierra, a todos atraeré a mí mismo».

—Juan 12:32

A VECES ES MUY TENTADOR citar versículos que parecen «encajar».

Déjame explicar. Soy fanático de escribir cartas a mano. En la era de computadoras, copiadoras, facsímiles, correos electrónicos y mensajes por Facebook, el privilegio de ver la letra única de un ser querido está disminuyendo rápidamente. Pero parece haber algo muy personal y significativo en ello. ¿Cuándo fue la última vez que recibiste una carta en tu correo que estaba totalmente escrita a mano? ¿Puedes recordarlo? No te sorprendas con la respuesta.

Recuerdo cuando yo estaba en la universidad. Envié por correo una carta a mis padres diciéndoles cómo iban las cosas, y cometí la equivocación de *escribir* solo mi nombre de pila al final de la carta. Vaya, esta vez sí que mi madre me corrigió. Aún puedo oír su voz en mi cabeza, diciendo: «Oye, quiero verte firmar tu nombre completo». Tal vez ella tenía razón al insistir en esto, no fuera que mi correspondencia se volviera impersonal y distanciada. Mi temor hoy día es que el correo electrónico y los mensajes instantáneos hayan hecho precisamente eso.

Así que hipotéticamente hablando, si yo quisiera defender que deberíamos evitar el correo electrónico porque todavía es importante enviar cartas escritas a mano a nuestros seres queridos, ¿no sería genial que pudiera encontrar un versículo bíblico que apoyara mi causa? Curiosamente, esto es lo que a menudo las personas hacen cuando usan las Escrituras de forma incorrecta. Se les ocurre un plan o una discusión y entonces intentan encontrar un versículo que parece encajar o apoyar lo que están tratando de afirmar.

Bueno, si este enfoque fuera válido (y estoy argumentando que *no lo es*), he aquí lo que yo sacaría para apoyar mi caso. Las últimas palabras de Pablo en algunas de sus cartas parecen ajustarse bien a mis planes secretos. Veamos algunos de estos versículos ingeniosamente extraídos:

> Mirad con cuán grandes letras os escribo de mi propia mano (Gálatas 6:11).

> El mismo Señor de paz os dé siempre paz en toda manera. El Señor sea con todos vosotros. La salutación es de mi propia mano, de Pablo, que es el signo en toda carta mía; así escribo (2 Tesalonicenses 3:16-17).

> Os saludan todos los hermanos... Yo, Pablo, os escribo esta salutación de mi propia mano (1 Corintios 16:20-21).

Es importante observar lo que Pablo está haciendo en estos versículos. A menudo dictaba sus cartas, pero a fin de demostrar la autenticidad de la epístola o de despedirse personalmente (ver también Colosenses 4:18), a veces Pablo tomaba la pluma y firmaba con su propia mano. No estaba haciendo un caso bíblico para defender las cartas escritas a mano. ¿Por qué? Porque lo único que tenían entonces eran cartas escritas a mano.

Así que puedes ver que para mí sería muy antinatural y exagerado sacar esto de contexto y usarlo para apoyar una intención oculta personal que buscara abolir correos electrónicos y llevarnos a los días de las cartas escritas a mano (aunque esas no sean mis intenciones). Sin embargo, esta es la manera en que a menudo se usa mal y se abusa hoy día de la Biblia.

Esto me lleva al caso de otro versículo mal usado que con frecuencia se cita en el contexto de dirigir la adoración en la iglesia. Se trata de Juan 12:32:

> Yo, si fuere levantado de la tierra, a todos atraeré a mí mismo.

Las palabras vienen de los labios de Jesucristo, y a primera vista parecerían ajustarse a las motivaciones secretas de un líder exagerado de adoración que busca «levantar el nombre de Jesús» en una canción mientras el pueblo de Dios está reunido participando en adoración.

Bueno, para ser justos, *levantar* o *alzar* eran palabras bíblicas comunes usadas en el contexto de la adoración bíblica, tanto en el Antiguo como en el Nuevo Testamento. Por ejemplo, en Isaías 24 se nos dice que cuando el Señor juzgue la tierra, los redimidos «alzarán su voz, cantarán gozosos»

(Isaías 24:14). David, en Salmos 25, empieza diciendo: «A ti, oh Jehová, levantaré mi alma» (v. 1). Y cuando los hebreos subían a adorar en Jerusalén, cantaban: «Alzaré mis ojos a los montes; ¿de dónde vendrá mi socorro? Mi socorro viene de Jehová, que hizo los cielos y la tierra» (Salmos 121:1-2).

En el Nuevo Testamento, cuando Pablo daba instrucciones a Timoteo acerca de la adoración colectiva, declaró: «Quiero, pues, que los hombres oren en todo lugar, levantando manos santas, sin ira ni contienda» (1 Timoteo 2:8). En otras palabras, en lugar de manos que pelean y tienden a enojarse, Pablo quería que los hombres llevaran una vida santa y levantaran las manos en oración al Señor.

Además, los salmos nos dicen que demos «la gloria debida a su nombre» (Salmos 29:2), y que engrandezcamos al Señor y «exaltemos a una su nombre» (Salmos 34:3). «Cantad la gloria de su nombre» (Salmos 66:2). La lista puede continuar, pero ya tienes la idea general: En sentido figurado, los creyentes debemos «levantar» el nombre del Señor mientras nuestros corazones y mentes lo adoran con canciones, ¡y esto es algo perfectamente legítimo de decir cuando la iglesia se reúne para adorar!

Pero debemos tener cuidado al usar Juan 12:32, y he aquí la razón. En este contexto, Jesús está cerca del final de su ministerio terrenal, la última semana antes de su muerte. A pesar de que conoce su destino, Jesús como hombre aún tiene el alma atribulada por lo que le espera. Sin embargo, también está muy consciente de la victoria sobre el mal que le espera cuando vaya a la cruz para hacer expiación por el pecado humano. Jesús habla del juicio de la maldad, de la derrota de Satanás y del triunfo que asegurará la salvación para quien decida creer (ver Juan 3:14-15).

Esta última idea es lo que se capta en Juan 12:32. Leamos otra vez lo que Jesús dice:

> Y yo, si fuere levantado de la tierra, a todos atraeré a mí mismo.

Juan nos dice en el versículo siguiente que ser «levantado» era una referencia de Jesús a su manera de morir, es decir, la crucifixión, ya que Juan comenta como en forma de anotación al pie de página que Él «decía esto dando a entender de qué muerte iba a morir» (v. 33). Por tanto, ser levantado era el equivalente de ser colgado en una cruz. Ya antes Jesús habló de esto en el Evangelio de Juan cuando manifestó:

> Como Moisés levantó la serpiente en el desierto, así es necesario que el Hijo del Hombre sea levantado, para que todo aquel que en él cree, no se pierda, mas tenga vida eterna (Juan 3:14-15).[18]

Entonces, la idea de ser «levantado» tiene que ver con la crucifixión de Cristo, un acto que sin duda tiene en cuenta su resurrección y ascensión en gloria que ha venido por medio de la cruz. Y es a través de esta gran obra (sacrificio expiatorio)

18. Jesús se refiere al relato de Moisés en Números 21:5-9, donde Israel habló en forma rebelde a Moisés contra el Señor e incurrió en juicio divino. El juicio del Señor fue que serpientes venenosas fueron enviadas a morder a los israelitas, causando la muerte a muchos. El pueblo confesó entonces su pecado y le suplicó a Moisés que intercediera a favor de ellos al Señor. Moisés hizo eso y Dios le ordenó hacer una serpiente de bronce y levantarla en un asta delante del pueblo para que quien la mirara fuera sanado. El paralelo que Jesús está haciendo es que del mismo modo que el pueblo sanaba *físicamente* al mirar lo que estaba «levantado», es cierto que la sanidad *espiritual* y la vida eterna vendrán a quienquiera que mire con fe al Hijo del Hombre, Aquel que es crucificado y «levantado» en una cruz.

en la cruz que Jesús atraerá «a todos» los hombres hacia Él, queriendo decir que atraerá hacia sí individuos de toda tribu, lengua y nación (tanto judíos como gentiles), tema que es común en este relato del Evangelio (cp. 6:44).

Por lo tanto, si Juan 12:32 está refiriéndose a que Jesús es «levantado» en términos de su crucifixión, debemos ser cautelosos en usarlo como texto de prueba para levantarlo y alabarlo en adoración. No intentamos «crucificarlo» otra vez en nuestra adoración. Si nuestra intención es levantarlo (o exaltar su nombre) en alabanza, hay otros versículos más a los que podemos apelar si queremos comunicar eso. En resumen, creo que podemos decir confiadamente: «Idea correcta, versículo equivocado».

Para ser justos, es fácil usar mal la Biblia de este modo, incluso cuando las intenciones son nobles. Y aunque este versículo parece que podría apoyar la idea o intención del líder de adoración, no es el mejor ni el más adecuado para la tarea. En realidad, a veces es tentador citar versículos que parecen «encajar».

CAPÍTULO 19

Conclusión

Maneja la Palabra con cuidado: Uso apropiado de la Biblia

CUANDO EL APÓSTOL PABLO encargó a su joven discípulo y protegido Timoteo que continuara con la obra del ministerio, dejó en claro que el ministerio del evangelio debía fundamentarse en la Palabra de Dios. Nada más serviría, porque un ministerio sin la Palabra no es cristianismo; se ha transformado en otra cosa.

Pablo le aseguró a Timoteo que hay un poder inherente en la Palabra de Dios misma, la revelación divina para nosotros:

> Toda la Escritura es inspirada por Dios, y útil para enseñar, para redargüir, para corregir, para instruir en justicia, a fin de que el hombre de Dios sea perfecto, enteramente preparado para toda buena obra (2 Timoteo 3:16-17).

La capacidad de Timoteo de mantenerse competente y bien preparado para su vida y llamado tiene por completo que ver con su fidelidad constante a la Palabra de Dios y su confianza en ella. La Palabra infalible e «inspirada por Dios» es útil para enseñar, reprender, corregir y preparar a otros en una vida justa y piadosa. Y Pablo insistió en que Timoteo manejara la Palabra con cuidado, porque es un arma poderosa (como se atestigua en Hebreos 4:12).

Pablo quería que Timoteo estuviera lleno de celo y ansioso por mostrarse digno de la misión que se le encomendaba porque, en última instancia, era responsable ante Dios. Cuando predicara y enseñara, tendría que usar «bien la palabra de verdad» (2 Timoteo 2:15). Es decir, él debía estudiarla, enseñarla y predicarla con exactitud para hacerlo «bien».

Los arquitectos saben que si los planos de construcción son aun levemente incorrectos, distorsionan todo el diseño. Eso también se aplica al manejo de la Palabra de Dios. Es vital que la leamos, entendamos, interpretemos y apliquemos correctamente. Hay vidas en juego si no lo hacemos.

Errores comunes que llevan al mal uso

A lo largo de este libro hemos explorado muchos principios importantes que debemos seguir y errores que debemos evitar para interpretar y aplicar la Biblia en forma apropiada. Con respecto a los errores, a menudo una simple lectura parcial o superficial podría ser insuficiente, y aislar cierto pasaje sin leer todo el contexto puede resultar en una mala interpretación del texto. Esto explica fácilmente como se utilizó mal el pasaje de «ojo por ojo» incluso en la época de Jesús.

Además, es importante usar la Biblia para interpretar la Biblia. Como ya afirmé, la Palabra de Dios no se contradice porque el Señor no se contradice. Dios no es autor de confusión, por lo que si una interpretación no concuerda con lo que teológicamente se enseña en otra parte, sabemos que no se ha interpretado de manera correcta.

También debemos resistir la tentación de hacer que un pasaje «funcione» como queremos que funcione, o que «haga que diga» lo que deseamos que diga. Muchos han caído presa de esta tentación y por eso han leído en la Biblia lo que quieren ver. Puedes recordar que esto es lo que Hitler hizo cuando desvió las palabras de Jesús para condenar a todos los judíos. Sacó de su contexto las palabras con las que Jesús condenó la hipocresía y el veneno de los fariseos, y las aplicó erróneamente a todo el pueblo judío en forma radical... simplemente porque eso es lo que Hitler quería que esas palabras dijeran. Este enfoque no busca extraer el significado de un texto sino más bien «poner» el significado que alguien quiere que tenga.

También hemos visto los peligros que vienen al citar mal un texto (p. ej., «El dinero como raíz de todo mal»). Lo que se agrega, o en este caso, *se quita*, al citar un pasaje de la Biblia es profundamente significativo. Este tipo de retorcimiento de las Escrituras, si recuerdas, es lo que la serpiente en el libro del Génesis utilizó para engañar a Adán y Eva.

Por último, ten cuidado con las comprensiones e implicaciones inadecuadas del evangelio que se leen en ciertos pasajes. El evangelio nunca prometió que siempre tendríamos buena salud, o que seríamos económicamente ricos y prósperos en esta vida.[19] No promete bendición como a menudo la definimos en términos humanos o de acuerdo con lo que ahora creemos que es «bueno» para nosotros. De ahí que

19. Pero el evangelio *sí* promete muchas y ricas bendiciones espirituales (ver 2 Pedro 1:3-4, por ejemplo).

«planes de bienestar» (en un sentido material) o de «sanar a la persona enferma» (en un sentido físico) podrían ser planes que no se lleven a cabo por completo hasta la vida venidera.

Tarea fiel

En la tarea de interpretar y aplicar la Biblia, nuestro deseo es descubrir la mente de Dios en un tema. Solo puede haber una interpretación adecuada de un texto, aunque podría haber muchas aplicaciones. Durante mis años universitarios asistí a varios «estudios bíblicos» en los dormitorios de compañeros estudiantes, y recuerdo vívidamente a creyentes bienintencionados sentarse a analizar lo que este o aquel pasaje «significa para mí».

Por desgracia, esto simplemente se convirtió en un grupo de ignorancia en que predominaba la subjetividad personal a expensas de sólidos principios de interpretación. La pregunta apropiada no debería ser «¿qué significa este pasaje para mí?», sino más bien «¿cuáles fueron las intenciones originales del autor y cómo la audiencia que lo recibió primero entendió tales intenciones en el contexto original?». Entonces, solo después de descubrir esto es que es apropiado preguntarse: «¿Cómo se aplica hoy día a mí este pasaje en el eterno principio bíblico que contiene?».

Cuando interpretamos cualquier texto bíblico, todos emprendemos la tarea con equipaje y prejuicios personales. Todos tenemos suposiciones que surgen de nuestras experiencias y formación de vida, y estas suposiciones actúan como un filtro con relación al modo en que leemos un texto. Para ser justos, esto es lo que se espera de todos nosotros, y ser conscientes de lo que son esos prejuicios y de cómo pueden afectar nuestra perspectiva es crucial para la apropiada interpretación y aplicación.

Sin embargo, debería quedar claro que descubrir el contexto de cualquier pasaje bíblico es el punto de partida para una adecuada interpretación. Este contexto abarca desde lo literario hasta lo histórico-cultural y lo gramatical. Entender el significado de palabras, relaciones gramaticales y géneros literarios es esencial para comprender el significado de cualquier texto.

Por ejemplo, cuando se trata de géneros literarios, Proverbios se destaca como un estilo único de literatura con el que debemos familiarizarnos a fin de interpretar y aplicar sus verdades en forma adecuada. Según consideramos antes, la naturaleza de Proverbios es que a menudo son principios generales en lugar de promesas duras y rápidas (o absolutas). Además, hay gran diferencia entre profecía, poesía, narrativa, parábolas, cartas, literatura apocalíptica, etc., y haríamos bien en conocer las características únicas de cada uno de estos elementos.

A medida que aprendes a leer la Biblia en contexto, recuerda empezar siempre con una lectura literal del texto. A menos que sea obvio que se está utilizando lenguaje figurado, trata de entender el sentido claro de cada pasaje, buscando el significado de las palabras que quizá no conozcas o de figuras desconocidas del lenguaje.

Descubrir el contexto inmediato del texto resulta de mirar los versículos circundantes y el flujo de pensamiento que se encuentra en ellos. Una mirada más amplia al capítulo y al libro como un todo proporciona perspectiva adicional para la interpretación. Hacer las preguntas básicas de quién, qué, cuándo, dónde y por qué proporciona un enfoque de investigación que te ayudará a determinar la intención original del autor.

También es importante entender el entorno histórico y las diferencias culturales que rodean el texto. Por ejemplo, descubrir el modo en que las personas ven el mundo, sus estructuras familiares, panoramas políticos, condiciones económicas, características geográficas y costumbres son algunos de los aspectos que ayudan en la tarea.

Hay a disposición gran variedad de Biblias de estudio que ofrecen mucha de esta información además de datos sobre cada libro como autor, época, lugar, propósito y temas principales. Asimismo, hay más recursos que nunca como diccionarios bíblicos, comentarios, teologías sistemáticas y léxicos. También podemos acceder a gran cantidad de recursos en línea, pero es necesario proceder con precaución. Como bien sabes, no podemos creer todo lo que leemos en la Internet.

Dicho todo esto, es importante entender que leer y estudiar la Biblia implica no solo la adecuada interpretación sino también la apropiada aplicación.

La Biblia tiene como objetivo enseñarnos acerca de Dios y de nosotros mismos, y sobre el maravilloso plan divino de salvación para la humanidad. Dios usa su Palabra para transformarnos y cambiarnos, pues es viva y eficaz. Moldea nuestras mentes, cambia nuestros corazones y nos hace crecer. Comprender y aplicar sus principios eternos es parte de lo que significa ser hombre o mujer de fe y seguidor de Jesucristo. Pero ningún creyente puede hacer esto con éxito a menos que confíe en que el Espíritu Santo le ayude en la interpretación y aplicación; porque en su papel único, el Espíritu nos «guiará a toda la verdad» (Juan 16:13).

Nuestra dependencia humilde en el Espíritu Santo en

cuanto a entendimiento, iluminación y transformación mientras leemos la Palabra es un componente esencial para la vida fiel de quienes afirman ser discípulos. Porque el Espíritu que mora en nosotros es el mismo Espíritu que inspiró cada palabra de la Biblia, y a medida que abandonamos el pecado, rendimos nuestros corazones y somos llenos del Espíritu, nos saturaremos, nos prepararemos y nos haremos cada vez más sabios con la verdad de Dios (2 Timoteo 3:15).

El deseo de Cristo siempre fue que seamos «gente de la Palabra», porque con toda razón indicó:

> *Si vosotros permaneciereis en mi palabra, seréis verdaderamente mis discípulos*; y conoceréis la verdad, y la verdad os hará libres (Juan 8:31-32).

Esta es entonces la voluntad de Dios para nosotros: que dependamos del Espíritu Santo que mora en nosotros y *busquemos al Señor en oración* para que nos ayude a interpretar y aplicar su Palabra. Además, es esencial nuestra comunión continua con otros creyentes fieles que junto con nosotros estén regularmente leyendo, estudiando y aplicando las Escrituras. La Biblia se entiende, interpreta y aplica mejor en el contexto de la comunidad de fe llena del Espíritu, donde se utilizan métodos sanos de interpretación.

Por último, quiero animarte a entender el valor de la predicación expositiva sólida y bíblica. En las iglesias donde se predica fielmente la Palabra de Dios, nuestra capacidad para interpretar y aplicar fielmente las Escrituras en contexto recibe un impulso exponencial. El ministerio del púlpito ayuda a establecer la cultura de cada iglesia, y mediante la predicación expositiva se le da valor a la Palabra de Dios como el componente nutritivo central de la vida cristiana.

La Palabra de Dios es verdad, y somos santificados por su verdad (Juan 17:17); además es un regalo precioso del Señor. Ojalá nuestra oración sea que aprendamos a usarla en forma fiel y apropiada para que Dios sea glorificado en todo, de modo que si Él regresa hoy seamos hallados fieles.

El doctor Eric J. Bargerhuff enseña en el departamento de Biblia y Teología, y dirige el programa de honores en Trinity College de Florida. Sirvió en el ministerio pastoral durante más de veinte años en iglesias de Ohio, Illinois y Florida. Recibió su doctorado en teología bíblica y sistemática de Trinity Evangelical Divinity School. Su pasión es escribir teología sistemática y práctica para los propósitos de crecimiento espiritual y transformación de la iglesia. Eric es miembro del Center for Pastor Theologians (CPT) y de la Evangelical Theological Society (ETS).

Eric es el autor de *Versículos bíblicos mal utilizados* e *Historias bíblicas mal utilizadas*. También escribió *Love that Rescues: God's Fatherly Love in the Practice of Church Discipline* [Amor que rescata: amor paternal de Dios en la práctica de disciplina de la iglesia], que explora la gracia y el amor paternal de Dios que debería encarnarse en los esfuerzos de una iglesia por restaurar a un hermano o una hermana en Cristo que se han extraviado.

Eric y su familia viven en Trinity, Florida.

EDITORIAL
PORTAVOZ

NUESTRA VISIÓN

Maximizar el efecto de recursos cristianos de calidad que transforman vidas.

NUESTRA MISIÓN

Desarrollar y distribuir productos de calidad —con integridad y excelencia—, desde una perspectiva bíblica y confiable, que animen a las personas a conocer y servir a Jesucristo.

NUESTROS VALORES

Nuestros valores se encuentran fundamentados en la Biblia, fuente de toda verdad para hoy y para siempre. Nosotros ponemos en práctica estas verdades bíblicas como fundamento para las decisiones, normas y productos de nuestra compañía.

Valoramos la excelencia y la calidad.
Valoramos la integridad y la confianza.
Valoramos el mérito y la dignidad de los individuos y las relaciones.
Valoramos el servicio.
Valoramos la administración de los recursos.

Para más información acerca de nuestra editorial y los productos que publicamos visite nuestra página en la red: www.portavoz.com.